重庆市教育委员会人文社会科学研究重点项目
《新时期县域高职教育支撑乡村振兴战略实施路径研究》
（项目编号：21SKGH352）

U0725010

# 知行合一
## 即知即行

## 新时期县域高职教育支撑
## 乡村振兴战略实施路径研究

主　编　张海珍

副主编　李同同　谭多宁　涂　亮

重庆大学出版社

**图书在版编目（CIP）数据**

知行合一　即知即行：新时期县域高职教育支撑乡
村振兴战略实施路径研究 / 张海珍主编. -- 重庆：重
庆大学出版社，2024.6. -- ISBN 978-7-5689-4597-4

I. G718.5；F320.3

中国国家版本馆CIP数据核字第2024U8G634号

# 知行合一　即知即行

### ——新时期县域高职教育支撑乡村振兴战略实施路径研究

ZHIXING HEYI　JIZHI JIXING

—— XINSHIQI XIANYU GAOZHI JIAOYU ZHICHENG
XIANGCUN ZHENXING ZHANLÜE SHISHI LUJING YANJIU

主　编　张海珍

副主编　李同同　谭多宁　涂　亮

策划编辑：张慧梓　唐笑水

责任编辑：夏　宇　　版式设计：唐笑水

责任校对：谢　芳　　责任印制：张　策

\*

重庆大学出版社出版发行

出版人：陈晓阳

社址：重庆市沙坪坝区大学城西路21号

邮编：401331

电话：（023）88617190　88617185（中小学）

传真：（023）88617186　88617166

网址：http：//www.cqup.com.cn

邮箱：fxk@cqup.com.cn（营销中心）

全国新华书店经销

重庆正文印务有限公司印刷

\*

开本：720mm×1020mm　1/16　印张：9　字数：152千

2024年6月第1版　　2024年6月第1次印刷

ISBN 978-7-5689-4597-4　定价：68.00元

# 作者简介

张海珍，硕士，重庆工程职业技术学院教授，第一作者发表核心期刊论文 10 篇，主持（主研）省部级以上科研项目 8 项，主编（参编）教材 3 部。

李同同，西南大学在读教育学博士，重庆工程职业技术学院黄炎培职业教育研究院助理。主研国家级／省部级项目 7 项，参与出版专著 4 部，公开发表 CSSCI／北大中文核心期刊论文 20 余篇。

谭多宁，硕士，重庆工程职业技术学院助教。主研／参研省部级项目 5 项，公开发表学术论文 7 篇。

涂亮，硕士，重庆工程职业技术学院高级会计师，参与省部级项目 2 项，公开发表学术论文 20 余篇。

# 前言　乡村振兴与职业教育供给的困境及对策探讨

党的十九大报告提出，乡村振兴战略，要实现农村"产业兴旺、生态宜居、乡风文明、治理有效、生活富裕"的总体目标；党的二十大报告进一步提出，"全面推进乡村振兴，坚持农业农村优先发展"。可见，全面推进乡村振兴是时代赋予我们的历史使命，乡村振兴已然成为全社会的共识，各行各业都在深入参与并积极推进。职业教育作为乡村振兴人力资源的供给方，是乡村振兴中不可或缺、不可替代的重要力量。

但是，随着城镇化、现代化的推进，乡村面貌发生天翻地覆变化的同时，也给乡村振兴带来了一些现实的困境，职业教育赋能乡村振兴也面临如何从困境中突围，从而更好地服务乡村振兴的重大课题。本书旨在从乡村振兴的现实困境和职业教育赋能乡村振兴的困境分析入手，探讨如何从困境中突围，探寻职业教育赋能乡村振兴的路径。

## 一、乡村振兴的现实困境

党的二十大报告指出，"全面建设社会主义现代化强国，最艰巨最繁重的任务仍然在农村"。巩固脱贫攻坚成果，扎实推进乡村振兴依然是农业农村工作的重中之重。但是，随着城镇化、现代化步伐的不断加快，也使农村空心化加剧，给乡村振兴带来一定困境，传统农业向现代农业转型，农村产业难以对接市场等困境都制约着乡村振兴的进程。

### （一）城镇化带来的困境

#### 1.人才流失

随着城镇化的推进，乡村人才流失严重是不争的事实，更多的乡村人才流向条件好、待遇高的城镇，致使乡村急需的人才奇缺，特别是高层次、高技能人才缺口大。乡村人力资本短缺，综合素质低，这是乡村振兴所面临的人才困境。

2. 资源流失

随着城镇化和工业化的快速发展，城乡差距越拉越大，农村呈现出产业边缘化、村庄空心化、农民老龄化的现象。在城市化的进程中，农村更多的资源流向城市，无论是资金、技术还是人才都向城市聚集，农村的一些优质资源也流向城市。

3. 劳动力流失

随着城镇化和工业化的不断发展，大多数青壮年离开农村，通过读书出去工作，或者外出打工，流向城镇的工业企业，留守在家里的大多是妇女、儿童、老人，被戏称为"38 61 99"部队，几乎没有多少青壮年劳动力。与此同时，农村基层组织干部年龄偏大，中青年人数极少，有精力、有文化、能带领村民干事的人少，致使乡村很难有效治理。这也增加了乡村振兴战略有效实施的难度，影响了乡村发展。

**（二）农村产业难以对接市场的困境**

1. 盲目生产，与市场脱节，农产品市场竞争力不强

目前，我国农业经济大部分还是一家一户分散经营，无论是种植、养殖还是加工业，其规模化、集约化、标准化水平都很低，农产品产出数量十分有限，一时难以形成市场规模，市场竞争力不强。由于农村缺少经营管理人才，市场信息闭塞，生产盲目被动。没有经营管理人才带动，一般农民不了解外面的市场，没有信息来源，不知道什么产品畅销、什么产品能赚钱，哪怕是传统农业，也不知道种什么、养什么，往往无所适从地跟着别人盲目生产，生产与市场严重脱节，生产与销售进入一种无序状态，致使增产不增收。

2. 没有技术，附加值低

目前，农业科技缺少专门的技术人员，农村科技无人抓无人管的情况特别严重。据调查，过去农村乡镇的农技站多数都已撤销，农技站的技术人员大多进了县城，一部分成为农委里面的行政人员，还有一部分也成为其他单位的管理人员，脱离了农技工作。与此同时，随着农村城镇化进程，有知识、有文化、懂技术的农民大多进入城市，留守在家的除了老人、妇女和儿童，剩下的也多是文化低，在城市没有竞争力的弱势人群，他们大部分没有科技意识，学习科技、运用科技的意识也不强，很难在他们中间开展科技培训、科技推广。缺少人才，农村产业难以进行技术改造升级，导致农产品附加值低，农民增收困难。

### 3.缺少销售渠道

农村地区的基础设施建设相对落后，交通不便，有少数地区甚至水电不通，更不要说网络通信。一些地方的农产品销售还是传统的赶集贸易，农民不知道市场缺什么、需要什么，不知道什么产品畅销、什么产品滞销。缺少信息来源，没有畅通的销售渠道，农民增产不增收，严重制约着农民生产的积极性。

### （三）传统农业转型的困境

#### 1.传统观念转变的困境

在我国工业化、信息化和城镇化发展过程中，从传统农业向现代农业转型面临新的挑战，首先是传统观念与新时代、新农业、新发展的挑战，农村传统产业要向现代化农业、新型产业转型，需要观念的转变。而随着城镇化的推进，城市现代化带来的日新月异的生活方式与价值观念不断向乡村渗透，也使乡村固有的传统观念受到冲击。在城镇化的过程中，大量农村青壮年劳动力流向城市，成为农民工，留在农村的往往是老人、妇女和儿童，即使有一部分年轻人留下来，也是文化较低、缺少竞争力的，他们无法适应现代农村产业的发展变化，他们传统的观念难以转变。

#### 2.缺乏技能人才的困境

科技是第一生产力，农业要现代化，乡村要振兴都离不开科技，而科技要靠人才支撑。然而，随着城镇化的进程，传统农民失去原有的农业技能优势，面对不断现代化、信息化的新农村，新型农业需要的科技人才奇缺。虽然国家加大了对农村科技人才的培养，政府在农村开展了各种公益性培训，特别是广大职业院校结合当地农村实际进行有针对性的技术指导，开展农业信息化、科技化的培训，组织研究农业科学技术，解决现代农业科技的困境，强化现代化的科技对农业的支撑。但是，乡村振兴需要有更多高质量的人才不断进行科技创新，可以说制约农村发展的最核心因素是缺乏技能人才的问题。

#### 3.缺少现代管理人才的困境

面对城镇化带来农村劳动力流失的状况，农村不仅缺少技能人才，更缺少现代农业管理人才。城镇化对农村产生较大冲击，原有的生产关系、经营方式、治理体系甚至生活方式都被打乱，需要重新建立新的乡村治理体系，农村的现代化、信息化，农产品销售的市场化等都需要建立新的秩序，这些都离不开经营管理人才。因此，建立一支有文化、懂经营、会管理的乡村人才队伍是当务之急。

## 二、职业教育赋能乡村振兴的困境

当前，在新的历史时期，职业教育面临新形势、新任务，更应围绕乡村振兴的需要，从农村产业布局的需要出发，加大人才培养力度。然而，随着工业化、信息化，特别是城镇化的不断推进，乡村振兴也出现了一些新的困境。职业教育作为与整个社会，包括教育与职业都紧密联系的教育类型，在乡村振兴中发挥着重要作用。但目前职业教育从学校布局、专业设置等方面都未能很好地对接乡村振兴，加之城镇化带给乡村发展的困境，也弱化了职业教育赋能乡村振兴的功能。

### （一）职业学校布局不合理

1. 遍布农村的初等职业学校逐渐消失

在改革开放初期，为适应社会经济发展的需要，我国职业教育在 20 世纪 80 年代得到迅猛发展，广大农村兴办了一批适应农村经济发展的初等职业学校。但随着社会经济的发展，对中高等职业教育的需求增加，2005 年，国务院办公厅下发《国务院关于大力发展职业教育的决定》（国发〔2005〕35 号），要求加快发展中等职业教育，并提出到 2010 年，中等职业学校招生规模达到 800 万人。由此，不少地方要求每个区县至少集中财力物力办一所具有一定规模的中等职业学校。在这一背景下，农村原有的初等职业学校开始撤并、升、转，农村的初等职业学校逐渐萎缩消失。

2. 中等职业学校离农村渐行渐远

中等职业学校规模扩大，教学资源集中，办学条件得到极大改善。但大多数中等职业学校都集中在县一级城市或中大型城市，在农村办的职业学校极少，无论是初等还是中等，高等职业院校就更少。在广大农村的土地上，职业学校成了稀缺之物。

3. 乡村振兴亟待优化职业学校布局

随着城镇化、工业化、信息化的推进，特别是从脱贫攻坚到乡村振兴的新的历史阶段，乡村对职业教育的需求越来越大，从建设技能型社会到重点指向"技能乡村"的建设，职业学校的布局亟待调整。2021 年 10 月，中共中央办公厅、国务院办公厅印发的《关于推动现代职业教育高质量发展的意见》要求，"支持办好面向农村的职业教育，强化校地合作、育训结合，加快培养乡村振兴人才，鼓励更多农民、返乡农民工接受职业教育"。2022 年 10 月印发的《关于加强新时代高技能人才队伍建设的意见》要求，"优化职业教育类型、院校布局和专业设置"。这些都说明原有职业学校布局不尽合理，不适应乡村振兴战略的实施。

## （二）专业设置不能对接农村产业的发展

### 1. 涉农专业生源减少，相应专业难以开设

随着城镇化、工业化、信息化的加速推进，农村的产业也在发生根本性变化，但在一些边远的农村，传统的种植、养殖业仍是主要产业。过去农村的初等职业学校承担了传统农业所需要的人才培养。随着初等职业学校的消失，传统农业所需要的适应当地农村产业发展的人才奇缺。而中等职业学校原所开设的涉农（主要指传统的种植、养殖业）专业人数锐减，以就业为导向的职业教育，在与工业化、信息化相关的专业成为广大学生竞相报考的热门专业后，传统涉农专业生源则大大减少。生源不足迫使学校取消相应专业设置。而农村新型产业（如智慧农业、农副产品深加工、电商销售等）又往往因交通不便、信息闭塞、经费不足、缺乏技术等因素而未能发展，致使职业学校相应服务的专业难以开设。

### 2. 职业学校现有专业设置不合理，难以对接农村产业发展

目前，职业院校大多分布在大中小城市，其所设专业多是面向高度工业化、信息化的城市，不能很好地对接广大农村区域产业发展，无法满足服务乡村振兴的需要，同时其专业设置也不符合乡村产业转型升级需要。随着乡村振兴的不断深入推进，农业农村现代化程度不断深化，农村不断从传统产业向现代化产业转型升级，智慧农业、休闲农业、互联网农业等新业态要求职业院校专业设置进行更新调整，以适应农业产业发展的需要。

### 3. 职业学校服务乡村振兴模式及内容单一，无法满足农民技能提升

目前，职业学校因为学校远离农村，服务乡村振兴大多采取送教下乡，开展短期培训，或派科技人员到乡下蹲点指导，缺乏对乡村居民职业技能培养的长期规划，也不完全了解农村的真正需求，教学往往集中于单一职业技能培养，得不到乡村居民的欢迎。从培训内容来看，职业学校更多地关注高素质技能型人才的培养，忽视了乡村振兴对新型农民的要求，对乡村农业发展所需技能的帮助有限。就职业学校所开设的专业来看，其内容与乡村振兴战略计划往往不相匹配，一些职业学校面向

农村所开设的是被当前市场认可的热门专业，如电子商务、幼儿教育、经营管理等，而对农副产品加工、种养技术、传统手工艺等涉农专业，以及向二、三产业转型的专业却少有涉足。由此可见，职业学校服务乡村振兴从模式到内容都滞后于农村产业的发展，制约着职业教育更好地赋能乡村振兴。

## （三）农村产业空虚弱化了职业教育的功能

### 1. 缺劳动力缺人才，职业教育难以发挥应有的作用

随着工业化和市场城镇化，大批农村青壮年离开土地进城务工，主要从事二、三产业，留在家里的是老人、妇女和孩子。农村没有了劳动力，原有的传统产业都难以为继，甚至出现了大片耕地闲置撂荒。而农业的现代化，传统产业需要转型升级，农副产品的生产营销需要科学化生产、集约化经营、现代化管理、品牌化营销，这些都离不开技能型的复合型人才。城镇化在推动农村工业化、现代化的同时，也带走了大量有知识、有文化、懂技术的人才，其结果是城市汇聚了越来越多的人才，乡村则成为人才的真空地带，导致传统产业难以转型升级，职业教育也无法在缺少人力资源的乡村发挥出应有的作用。

### 2. 缺资源缺技术，职业教育难以为乡村培植新型产业

随着城镇化的进程，农村缺资源、缺技术、缺人才，没有知识文化及资金的支撑，乡村振兴变得更加困难。农村没有资源，没有人力财力保障，传统产业难以维持，新型产业更是无从培育。面对资金短缺、资源匮乏、技能人才缺失的状况，职业教育也难以为乡村培植孵化新型产业。

### 3. 农村空心化，职业教育缺少用武之地

农村空心化是指随着城镇化进程，农村人口减少，不少农村家庭举家搬迁到城市，农村出现大量空置房无人居住，长期无人维护，显得破旧不堪。同时，农村原有的一些公共活动场所，如农贸市场、活动广场、影剧院，甚至寺庙、祠堂等都闲置着，看不到几个人，很多乡村的民俗活动也无法开展。有一句很现实的话："乡村人都没有了，还怎么振兴？"农村空心化使乡村振兴更加艰难，没有人力，没有资源，产业、人才、文化等都无法振兴。没有产业，职业学校就失去了服务的对象，农村空心化弱化了职业教育的功能，职业教育赋能乡村振兴也就显得举步维艰。

## 三、对策与建议

2021 年 10 月，中共中央办公厅、国务院办公厅印发《关于推动现代职业教育高质量发展的意见》，提出要办好面向农村的职业教育，加快培养乡村振兴人才。职业教育高质量发展服务乡村全面振兴成为新时期新阶段的新认识与新定位。职业教育赋能乡村振兴，就是要通过职业教育不断地为乡村输送建设人才，并通过这些建设人才帮助农村调整产业结构，发展新型产业，同时树立文明乡风，促进城乡深度融合。因此，职业教育作为乡村振兴的供给方，要面向农村调整职业教育布局，把关注农村产业需求，孵化农村产业，培养农村产业发展所需人才作为工作的切入口。

### （一）调整布局，优化专业设置，搭建服务平台

1. 调整学校布局

在城镇化的进程中，城乡职业教育资源逐渐错位失衡，优质资源向城镇汇集。过去农村的初等职业学校的消失，使广大农村几乎没有职业学校，以县域为单位所建的职业学校大多在县城。根据农村产业发展需要，调整职业学校布局势在必行。一是可以在规模较大、各方条件成熟的农村产业园区布局职业院校，实现产与教在同一平台深度融合；二是在农村建立职业院校实训基地，通过基地就近就地组织农民开展职业技能训练；三是在农村推进职业教育与普通教育的融通，在乡镇普通初高级中学开设涉农专业课程，甚至在有需要的地方，在普通初高中学校设立职业教育"戴帽班"，使职业教育在广大农村有阵地、有平台，能极大地发挥职业教育赋能乡村振兴的作用。

2. 调整专业设置

随着城镇化进程，职业院校涉农专业生源紧缺，导致学校专业调整趋向工业化、信息化的需求，所设专业与农村产业脱节，课程内容也远离农村产业。因此，在面向农村产业需要布局职业院校的同时，职业院校要及时调整和更新与农村产业发展需要相对应的人才培养方向和课程内容，要根据当地经济发展的基本特点和规律，分析当地的支柱产业和特色产业优势，设置符合当地经济发展需求的课程，培养符合乡村振兴需要的人才，努力使专业设置与乡村振兴所需的产业人才相匹配，科学有效地分配职业教育资源，使职业教育资源能精准匹配乡村产业结构。

3. 形成联动机制，搭建职业教育服务乡村振兴新平台

重庆市中华职业教育社建立政府、学校、企业、社会组织协同服务机制，共同推进乡村振兴的经验值得借鉴。自 2020 年起，重庆市中华职业教育社联合高等职业学院、中等职业学校、乡镇人民政府四方共建"面向新时代，培育新农民，发展新农业，建设新农村"的新型农村成人培训学校（以下简称"新农学校"），并提出"个十百千万行动计划"。"个"即每一区县建立一个新农学校；"十"即每个新农学校完成帮扶 10 个涉农企业技术提升，打造 10 个乡村院落，帮助 10 名农村留守老人提升生活品质（可以三选一）；"百"即完成 100 名外出务工农民的技能培训，帮助 100 名乡村干部提升管理水平，帮助 100 名职业院校学生完成学业实现就业（可以三选一）；"千"即改良 1000 亩农作物提质增收；"万"即完成 10000 亩森林的生态保护。目前，在全市已建立 23 个新农学校。新农学校共建各方以协议形式明确各方责任，由申请建立新农学校的当地乡镇人民政府为主体，新农学校校长由镇乡党委书记或乡镇长兼任；重庆市中华职业教育社负责统筹协调各方，制订工作计划；高等职业院校为共建各方的项目实施主体，充分利用高校的人才资源服务乡村振兴；当地职业教育中心协助高等职业学院实施相关项目。一年多的时间，新农学校以服务产业发展、文化建设、生态保护为重点，卓有成效地开展工作，得到了社会的广泛认可。新农学校还为新型职业农民培育建立了信息交流平台和产学研网上公共服务平台等教育资源，通过网络平台整合各方资源，实现共享，形成职业教育对服务乡村振兴战略的有力支撑。

**（二）优化农村产业结构，孵化新型产业**

1. 优化农村传统产业

农村产业发展是乡村振兴的重点，没有产业的发展，一切都是空谈。当前，广大农村仍是以传统的第一产业为主体，产业发展十分单一。大部分传统农业产品价格低，增收困难，加上产业结构单一，一旦遇到不可逆转的自然灾害，传统农业抵御风险能力弱，农民增收稳定性就越差。因此，职业教育在赋能乡村振兴时，要重点关注对传统产业的优化，要对传统的种植业、养殖业、农业加工业和农业服务业进行改造，向无土农业、包装农业、订单农业，以及智慧农业、互联网农业、休闲农业发展，走集约化经营、现代化管理之路。

### 2.推动农村产业转型升级

当前，农村新型的二、三产业发展缓慢。职业教育在赋能乡村振兴中，一个很重要的任务就是帮助农村调整产业结构，大力发展二、三产业，要根据农村产业需要培养人才，不断根据产业需要优化人才资源配置。通过向农村输送大量实用型人才，推动农村传统产业向农村电商、乡村旅游、农副产品精加工、民俗经济等新型产业转型升级。

### 3.孵化新型产业

职业教育在服务乡村振兴中，要引导乡村产业因地制宜地发展和创新，孵化新的产业。职业院校的专业建设要同乡村产业发展深度融合，可以通过乡村项目合作实施和共建农业实践基地，增强职业教育供给与乡村振兴的耦合匹配，增强职业教育服务乡村经济的能力，为乡村产业发展提供技术支撑和智力保障，从而孵化一批农村新型产业。

## （三）从需求出发，保障人才供给

### 1.产业兴旺，需要职业教育提供人才支撑

职业教育赋能乡村振兴，最重要的是人才资源的供给，乡村振兴首先也是人才的振兴，只有为乡村培养出大批有技术、会经营、懂管理、有创新能力的高素质新型农民，乡村产业才能兴旺。因此，职业教育赋能乡村振兴的重点，就是要加大对农村人才的培养力度，盘活乡村人力资源，为农村产业发展提供源源不断的人才供给。

### 2.瞄准农村产业需求，因势利导送技术

职业教育赋能乡村振兴，就要瞄准农村的产业发展需要，因势利导送技术、育人才、培育新型产业。重庆市中华职业教育社曾在三峡库区的偏远农村开展温暖工程家政人员培训，招收当地"40 50"的农村妇女，对她们进行家政技能培训，然后输送到城市从事家政服务。而当地这些"40 50"的农村妇女的实际情况是，她们上有老人需要奉养，下有小孩需要照顾，根本就走不出去，即便有个别可以走出去的，她们一时也难以适应城市的生活。就在招收农村"40 50"妇女参加家政培训的过程中，当地农民反映，他们那里大量种植党参、贝母等中药材，急需技术指导，希望能帮他们举办中药材种植技术培训。于是，重庆市中华职业教育社的领导请来中药

材种植专家搞培训，计划在当地乡政府 80 人的会议室举办一期中药材培训班，按计划由当地政府安排村民 60 ～ 80 人参加培训，结果到培训开班当天，自发地来了 150 多人，会议室外的过道都挤满了人。这次培训收到了良好的效果，得到当地老百姓的一致好评。这个案例充分说明，职业教育赋能乡村振兴一定要从乡村农民的需求出发，要千方百计满足农村多样化需要。

3. 建立协同育人机制，打造乡村振兴人才队伍

乡村要想高质量发展，离不开优质的人才供给。农村不仅缺技术，缺经过培训的技术技能人才，更缺经营管理人才。城镇化的过程，让有文化、善经营、懂技术、懂管理的人才流向了城镇，使农村人才资源匮乏；随着乡村振兴步伐的加快，农村产业不断转型升级，对技术人才、经营管理人才要求更高，需求量更大。所以，加强培养和引进人才就显得尤为重要。职业教育要针对农村产业发展所需要的不同类型的人才进行分类培养，形成职业教育和职业培训并重的人才培养模式。政府、职业院校、企业及有关社会组织要协同发力，并根据不同的学习对象采取不同的培训模式和教学方法，多方满足乡村振兴的不同需要，源源不断地为乡村振兴提供人才供给。

随着城镇化、工业化、信息化的不断推进，乡村振兴面临各种资源向城镇聚集，乡村资源缺失甚至出现空心化局面。职业教育赋能乡村振兴，必须面对城镇化的挑战，从调整学校布局、优化专业设置、搭建服务平台对接农村产业入手，寻找供给对策，探索赋能乡村振兴的路径。

重庆市中华职业教育社原秘书长　唐　勇

2023 年 11 月 1 日

# 目录

# 第一篇　知是行之始

## ——职业教育先驱乡村建设思想研究

# 第一章 黄炎培乡村建设思想

20世纪初，由黄炎培等发起建立的中华职业教育社作为我国最早的职业教育社团，不仅打开了我国现代职业教育事业的崭新局面，还秉持大职业教育主义理念开展了卓有成效的乡村建设探索。在进行城市职业教育与乡村改进相结合的有益尝试中，形成了城市职业教育推动乡村改进、城市与农村融合和可持续发展的宝贵经验。新时代背景下重新审视中华职业教育社在20世纪初的乡村建设实践经验，传承和发展其大职业教育主义的科学理论，对职业教育助力乡村振兴与城市可持续发展具有重要价值。

## 第一节 乡村改进：黄炎培大职业教育主义的重要实践

众所周知，中华职业教育社是由黄炎培发起旨在推动职业教育发展的教育组织。但中华职业教育社在探索以职业教育救国救民的发展过程中，所开创的社会事业远不止于职业教育，乡村改进也是成效突出、影响较大的实验之一。当时，随着大众思想的不断解放，各种致力于农村发展的组织如雨后春笋般冒了出来，如晏阳初的平民教育会、梁漱溟的乡村建设等。而黄炎培等中华职业教育社负责人，出于挽救农业农村救助农民的真挚情感和社会责任感，将以培养工商人才的职业教育逐渐向以培养农业人才的职业教育进行转变，着力就地（在农村）训练新式农民、培养新农业人才。1926—1934年，黄炎培进行了积极的实践探索，在江苏昆山徐公桥等地开展了为期六年的乡村改进实验，取得了突出成效；之后又在漕河泾创办了农学团，主要培养服务乡村建设的人才。黄炎培进行乡村改进的基本理念是"富教合一"，具体做法是"划区施教、先富后教、综合改进"。其中，"划区施教"要求教育要与地方经济发展紧密联系；"先富后教"强调发展生产、经济和改进生活对职业教育的重要性；"综合改进"强调农村的教育、经济等各方面要全面改进，富与教要共进，"随富随教""即富即教"。

## 一、徐公桥乡村改进：我国现代乡村建设的典型案例

### （一）基本思路：划区施教

黄炎培认为乡村改进如果以学校为中心，将会割裂教育与经济、产业、生活等方面的联系，既不利于职业教育功能的发挥，也不利于乡村建设的开展，于是提出了"划区施教"的创新理念。中华职业教育社在开展乡村改进的过程中，形成了"就一农村或若干农村，划成一个适当区域，依照理想的能实现的预定计划，用最完美的方法技术，以化导训练本区以内一切农民，使全区农民整个的生活逐渐改进，由自给自力以达自治，俾完成乡村的整个建设"的基本思路。这种不以学校为中心而以区域为中心开展农村职业教育的创新理念和做法，充分考虑了划定区域内教育、经济、卫生、交通、治安等各个方面的相互作用和内在联系，并在此基础上着力推进了各个要素的统筹发展。

### （二）发展历程：从联合改进农村生活董事会到徐公桥乡村改进会

1926 年 10 月，中华职业教育社会同中华贫民教育促进会、中华教育改进社、东南大学教育科和农科共同组建了联合改进农村生活董事会，并在江苏昆山徐公桥设立事务所，拟定了实验改进计划。但最终因时局变化和经费落实不到位，于 1927 年停办。

1928 年 4 月，中华职业教育社在中国文化基金会提供经费支持的情况下，在徐公桥独立开展乡村改进实验，与当地乡绅合作建立了徐公桥乡村改进会，设立办事处，下设总务、建设、农事、教育和保安五个股，各股都配备主任和职员。徐公桥乡村改进会以唤起民众自觉和力求各种组织联合与健全作为乡村改进的基本原则，以六年为一周期并制订分年度实施计划保障试验的有序进行。在教育方面力求实现使全区儿童完全入学、扫除青年成人文盲、开启知识、敦厚风俗、互爱互助、共谋全区文化进步的目标，在经济方面以生产增多、家给户足、百废俱兴、村容改观、健康安乐、瘟疫不兴，进而扩大爱家爱乡爱国之心为主要目标。这次试验于 1934 年结束。

## （三）实施效果：教育、经济和农业的共同发展

徐公桥经过六年的乡村改造，计划任务全面完成并基本取得了"当地人办当地事"的突出成效，提升了村民职业能力和生活幸福感。

具体来说，在区域和户口方面，实验区域从 14 平方公里增加到 40 平方公里，乡民户数从 446 户增加到 735 户，人数从 1990 人增加到 3597 人。在总务方面，会员从 42 人增加到 462 人；委员会从 1 个改进委员会发展为改进委员会、调解委员会、仓库管理委员会、赞助委员会、款产保管委员会和经济稽查委员会 6 个；机关由改进会、保安团和小学 3 个发展为改进会、保安团、小学、镇公所、公安分驻所、农民教育馆、区公所分办事处、农业推广区公处 8 个。在建设方面，道路建设从狭小的泥土路改变为可通黄包车的碎石路 3 公里，还扩宽了泥土路 5.5 公里；桥梁除维修了徐公桥外，还修理石桥 7 座、木桥 24 座。在生活方面，之前街道不平、垃圾满目、露天坑厕不少、晾衣无定所、晚间无路灯，结束时，街道平坦可行，垃圾有木箱，厕所一律改良，特设晾衣场，路灯彻夜光明，电话达于全县，黄包车直达车站。在农事方面，农场从无到建成 22.2 亩（1 亩约等于 666.67 平方米）；养鱼从散漫无组织不足 1000 尾到建设合作鱼池 13 处、养鱼 23000 尾；家禽从每家不足 8 只增加到 22 只；农具改良了灌溉、砻谷、打稻、弹棉花等，使用了新式工具；改良种子，面积达到全区的 60% 以上，产量从八九斗（1 斗等于 10 升）增加到一石四五斗；公共仓库总库 1 个，分库 2 个，储米超过 1 万元的量。每年开展农民生计调查，了解实际情况。在教育方面，适龄儿童从 260 人增加到 650 人，入学儿童从 160 人增加到 535 人；小学发展到公立小学 4 所，公立流动教室 2 个，私立学校 2 所；在社会教育方面，识字成人从 560 人增加到 1524 人，还建设了民众讲演厅 2 处、民众改良茶馆 3 处及青年服务团、小青年服务团、婚丧改良会、民众公园、民众问字处、儿童幸福会、常识展览馆、同乐会、长寿会等。在保安方面，保安团 80 人，分设 3 处，按时训练。警察设有分驻所，试行了警官区制，有警察 12 人。设立警钟，无事报时，有事报警。消防有所训练，对老弱孤苦人员酌情救济。公共医疗诊所办理预防诊治防疫血清 1800 余人。

## 二、漕河泾农学团：乡村人才培养的有益探索

### （一）组织机构

漕河泾农学团是由中华职业教育社附设的农村教育服务专科和鸿英乡村小学师资训练所共同组建的。中华职业教育社农村服务专修科成立于 1934 年 10 月，招收具有高级中学毕业或相当学历程度者，旨在培养兼备农事学识与教育知能的了解农民心理的乡村建设者。鸿英乡村小学是上海鸿英教育基金会董事会委托中华职业教育社代办的乡村小学师资训练所，主要招收有教育经验的师范生加以训练。中华职业教育社将两者合并，组成了 49 人规模的漕河泾农学团，下设评议部、执行部和导师三个部分。评议部的职责是建议和监察；执行部下分修养、研究、经济、教育、村政和总务 6 个组，农村方方面面的实务均包含在内。漕河泾农学团采取"一面做，一面学，从做的中间求学，从做学中间求得系统的知能"的教学训练方针，主要培养具备"自治治群、自养养人、自卫卫国"能力的乡村建设者。

### （二）教学安排

漕河泾农学团学制 2 年，分为三个阶段。第一阶段为集中生活阶段，约 4 个月。前三周是进行生活适应训练，其余时间为集中授课。课程包括教育、卫生、农事、经济、政权及组织、精神陶冶、农事操作、军事训练和事务练习。第二阶段为分工生活阶段，约 6 个月。将学员分成三个组：第一个组将鸿英乡村小学师资训练所的 15 名学员分发至沪闵路一带，探索单式组织的农村改进事业；第二个组将农村服务专修科的一部分学员分发至沪郊的赵家塘、吴家巷等地，试办复式组织改进区的农村改进事业；第三个组主要是农村服务专修科的另一部分学员，从事漕河泾农学团本部的农场园艺及研究工作。第三阶段为实习阶段，分为学业实习期和职业实习期。其中师资训练所的学员被派往办理鸿英小学，专修科学员被安排从事乡村改进工作。这种招收相当学历程度人员在特殊教育机构中施以专门训练，辅之以乡村师范或农科专业，在当时可谓独树一帜。

## 三、大职业教育主义：跨界教育的实践探索

相关研究认为，黄炎培、陶行知、晏阳初、梁漱溟、卢作孚等是我国乡村教育运动的先驱，且陶行知的生活教育理论、晏阳初的平民教育理论、梁漱溟的乡村文

化重建理念、卢作孚的乡村现代化愿景和黄炎培的大职业教育主义是我国乡村建设理论的重要组成部分[1]。而黄炎培的大职业教育主义历经实用教育、职业教育的发展阶段不断完善，在实践探索中将职业教育推向"社会化"和"融合化"。

**（一）经济衰败导致在城市发展职业教育遭遇严重困难**

20 世纪 20 年代，我国民族工商业在帝国主义入侵和军阀混战破坏下受到严重冲击。"铁厂积货如山，无人过问，至于停炉停机。纱厂结账，大多无利。上海数十年之三大油厂竟同时倒闭，其他工业亦皆消沉。因欧战致富之实业家，营业失败重入漩涡者，乃时有所闻。"[2]而职业教育因与经济社会联系紧密受到严重影响，中华职业教育社自然也遭遇严重危机。与此同时，因企业不断倒闭，社会失业人员越来越多，毕业生就业困难。时任中华职业学校校长潘文安惊呼："普通学校毕业生无出路，已足惹人诟病，苟职业学校的毕业生亦无出路，益将令人怀疑失望，而职业学校生机危矣。"[3]由此，一大批有志之士在积极探索中国经济社会和职业教育的出路。

**（二）跨界发展的大职业教育主义思想应运而生**

1925 年，黄炎培撰写《提出大职业教育主义征求同志意见》一文，坦承过去八九年的工作（推广职业学校、改良职业学校，提倡职业补习教育等），百分之七八十没有达到目的。其原因是只从职业学校做功夫、只从教育界做功夫、只从农工商职业界做功夫，都是不能发展职业教育的。由此提出须同时和一切教育界、职业界努力沟通和联络，要分一部分精神参与社会活动[4]。1926 年，中华职业教育社在苏州召开会议，讨论了如何实现大职业教育主义等问题。1927 年，中华职业教育社在《教育与职业》发表《十年来中国之职业教育》一文，讲到了三个"觉悟"，其中之一是"努力改进农村事业，使成教育化"。基于对现实问题的不断思索和大量实践，黄炎培以跨界发展为基本理念的大职业教育主义思想渐成体系。

---

1 黄勇樽，李晓兰.乡村教育运动先驱者的教育精神：以黄炎培、陶行知、晏阳初、梁漱溟、卢作孚为典型代表[J].教育与教学研究，2014，28（6）：5-9，37.

2 黎惠英.中国现代经济史[M].长春：吉林大学出版社，1991：55.

3 潘文安.最近之两大感想[J].教育与职业，1925（0）：667-673.

4 黄炎培.提出大职业教育主义征求同志意见[J].教育与职业，1926（1）：1-4.

**（三）积极践行沟通联络各界的大职业教育主义**

大职业教育主义的提出和推行，使中华职业教育社对职业教育的跨界发展有了新认识。除了开展乡村改进实验，还注重推进城市职业指导和职业补习教育，发行《生活周刊》开展社会教育。具体来说，其一，职业指导是中华职业教育社推行职业教育的重要内容，大职业教育主义提出后得到进一步加强。1927年9月创办了上海职业指导所，开展升学就业指导及职业介绍，这是我国第一个面向社会的职业指导机构。其二，职业补习教育是中华职业教育社于1932年推动实施的，到1937年，设立职业补习学校7所，其中第四中华职业补习学校学员达5000多人。其三，《生活周刊》创刊于1925年8月，初期的内容偏重伦理道德和职业修养，社会影响小。1926年10月，邹韬奋担任主编，按照大职业教育主义理念，以读者利益为中心、以社会改造为目的，力谋唤起服务精神，增加了很多包括乡村改进在内的面向社会的内容，引起社会关注。发行量从1926年的396份增加到1929年的12508份，成为当时全国各类刊物中发行量最大的定期刊物。可见，大职业教育主义思想的形成标志着黄炎培职业教育思想进入了一个更加成熟的阶段，基于对职业教育跨界发展的理性认识，更加关注其对经济发展和国家建设的重要作用，在具体实践中成效显著。

# 第二节　思想启示：新时代职业教育服务乡村振兴的创新建构

## 一、政策导引：脱贫攻坚与乡村振兴有效衔接

### （一）实施乡村振兴战略是我国乡村发展的新出路

我国农业农村发展经历过乡村社会改良（1911—1949年）、农村合作化改造（1949—1977年）、农村市场经济体制改革（1978—2001年）、统筹城乡发展（2002—2016年）等探索、发展阶段。2017年，党的十九大提出实施乡村振兴战略；2018年两会期间，习近平总书记在讲话中强调推动乡村产业、人才、文化、生态、组织五个振兴；9月，中共中央、国务院印发《乡村振兴战略规划（2018—2022年）》，

提出了五个方面的总体要求。一是产业兴旺，要着力构建现代农业产业体系，实现产业融合发展，保持农业农村经济发展活力；二是生态宜居，要改善基础设施，统筹山水林田湖草保护建设，保护好绿水青山和清新清净的田园风光；三是乡风文明，要推进移风易俗、文明进步，弘扬农耕文明和优良传统，提高农民综合素质和农村文明；四是治理有效，要加强和创新农村社会治理，加强基层民主和法治建设，使农村更加和谐、安定有序；五是生活富裕，要让农民有持续稳定的收入来源，经济宽裕，衣食无忧，生活便利，共同富裕。2021 年，脱贫攻坚战取得全面胜利，消除了绝对贫困，创造了彪炳史册的人间奇迹。脱贫攻坚是乡村振兴的基础和前提，乡村振兴是脱贫攻坚的巩固和深化。职业教育在服务脱贫攻坚中发挥了积极作用，在推进实施乡村振兴中还将继续发挥作用。

**（二）培养人才是职业教育服务乡村振兴的切入点**

2014 年，国务院在加快发展现代职业教育的决定中要求，加大对农村和贫困地区职业教育的支持力度，建立公益性农民培育培训制度，加大培育新型职业农民。2019 年，国务院办公厅印发的《国家职业教育改革实施方案》在提高中等职业教育发展水平中要求，服务乡村振兴战略，为广大农村培养以新型职业农民为主体的农村实用人才。国务院办公厅印发的《职业技能提升行动方案（2019—2021 年）》，要求面向农村转移就业劳动者，特别是新时代农民工等，持续实施职业技能提升计划，要围绕乡村振兴战略，实施新型职业农民培训工程和农村实用人才带头人素质提升计划，开展职业农民技能培训。对农村转移就业劳动者开展免费职业技能培训行动。对参加培训的"两后生"中农村学员提供培训期间的生活补助。2020 年，教育部等九部门印发的《职业教育提质培优行动计划（2020—2023 年）》要求依托职业院校等机构，面向"三农"提供产业链技术培训服务及技术支持，为脱贫致富提供持续动力。提质培优行动计划还专门拟定了乡村振兴人才培养优质职业学校建设计划项目。农业农村部会同教育部进行了首次遴选建设工作。

**二、理念创新：实现农村劳动力"转移与复转移"**

推进实施乡村振兴战略的过程中不可能停滞城镇化进程，因此只有乡村振兴和城市可持续发展才能实现整个国家的可持续发展[1]。这对农村劳动力的转移与复转移提出了根本要求。

首先，助力农民在农村和城市间转移与复转移就业，需要充分考虑农民的实际需求和现实困境。从本质上说，人是乡村振兴和城镇化进程中最重要和最活跃的要素。事实上，乡村的衰败主要源于农村劳动力大量进城务工。这一方面使城市在农民工的参与建设下其产业和经济加速发展；另一方面农村由于青壮年的流失使乡村"空心化"问题加重，乡村经济遭到严重破坏[2]。在这种发展趋势下，城市和农村两极化不断加重。乡村振兴的基本思路是通过让乡村的人气旺起来，进而带动农村产业和商业等旺起来。但在具体做法上，既不能阻止农村剩余劳动力进城务工，又不能强制城市里的农民工回乡务农。因为在大量的山区，农业生产效率极低，农民不能完全依靠农业生产实现生活品质的提升。农业生产具有季节性，农民农业劳动的时间一般在全年的三分之二左右，为了生活的改善，必须利用农闲的时间。今后的农民要能够"亦农亦工""会农会工"，农忙时务农，农闲时务工。这有赖职业教育通过培养培训增长农民，特别是新生代农民应对现代社会农业、工业、商业等产业的知识和技能，让农民能够在农村和城市、城市和农村间常态化、自由地转移就业和非转移就业。这不仅有利于脱贫攻坚成果的巩固，也有利于乡村人口多起来，还有利于城市工业商业的劳动力有效供给和储备。这是乡村振兴和城市可持续发展的必由之路。

其次，助力农民在农村和城市间转移与复转移就业，需要完善从农村到城市的工业产业链[3]。从原料和需求为上游来看，产业的上游在农村和乡镇，中游在中小城市，下游在大城市。从创意和设计为上游看，产业的上游在大城市，中游在中小城市，下游在农村。事实上，产业的游位也是相对的、辩证的，下游之极致处即上游，上游之极致处即下游。所以工业的最终发展必须依凭农业，农业也必须依凭工业，它们之间依靠商业作为融合剂。由此可以断言，必须建立从乡镇、中小城市和大城

1　刘复兴，曹宇新.新发展阶段的乡村教育振兴：经验基础、现实挑战与政策建议［J］.西北师范大学报（社会科学版），2022，59（1）：41-49.

2　刘爱梅.农村空心化对乡村建设的制约与化解思路［J］.东岳论丛，2021，42（11）：92-100.

3　刘双双，段进军.协调推进乡村振兴与新型城镇化：内在机理、驱动机制和实践路径［J］.南京社会科学，2021（11）：47-55.

市间的完整产业链，才能使农村劳动力各依其所需、所能和所长进行工作，乡村和城市的统筹发展、融合发展、共生发展及其可持续发展才能真正实现。

最后，助力农民在农村和城市间转移与复转移就业，需要针对不同年龄段群体作出规划和引导。就青年农民群体来说，其学习能力较强且精力旺盛，可以直接从农村转移到大城市就业。他们需要通过接受职业教育掌握现代制造业、商贸业、服务业等方面的技术技能。其技术技能水平的高低决定了转移的可能性和满意度，因此不仅要培养其从事当前岗位的技能，更要使其具备学习能力，能够在工作中不断自我提升[1]。就中年农民群体来说，可以从农村直接转移到中小城市，或是从大城市开始复转移到中小城市。这是因为中年人开始有了赡养老人和照顾小孩的负担，距离的远近对其在照顾家庭的方便性上影响较大，所以不能离开家乡太远。中年农民群体普遍存在转行、转岗的问题，因此要进行再就业培训。具体来说，针对技术含量较高的专业可以依托高职院校资源开展专业技能提升培训；针对简单易学的加工技术方面的问题可以采取专题培训的方式，请有经验的师傅分享解决普遍难题的方法[2]；对于家政、快递、月嫂等社会需求较大的专业，可以举办短期培训班传授岗位技能。就老年农民群体来说，由于其精力有限，因此工作地点要以就近为主要原则，最好保证能够早晚回家。可以在本地的乡镇及其他村里务工，具体工作可以是生态守护、农业种植等，当然也可以根据需要负责守护宅院和照顾幼小。因此，对老年农民群体要根据其专业特长或乡村建设的需要进行适当的继续教育和现代生活方式、幼儿教育方法的培训。

## 三、组织建设：建设新农学校

借鉴黄炎培在漕河泾兴办农学团以及梁漱溟在山东邹平建设乡学、村学和乡农学校的做法，可以考虑建设一种面向全体农村劳动力的新农学校。之所以称为新农学校，是因为这里的"新"包含了三个期待：其一，从对象来说，新农学校面向全体农民；其二，从功能来说，新农学校要面向新时代服务乡村振兴建设；其三，从

1　刘玉侠，张剑宇. 回流农民工助推乡村振兴的有效路径研究：基于浙皖赣黔四省的调研［J］. 江淮论坛，2021（5）：41-50.

2　郭俊华，卢京宇. 产业兴旺推动乡村振兴的模式选择与路径［J］. 西北大学学报（哲学社会科学版），2021，51（6）：42-51.

形式来说，新农学校具备完整的组织形态。

新农学校的组织建构秉承大职业教育主义，从纵向上看，采取"县—乡/镇—村"三级链条式运作；从横向上看，要沟通联合行政部门、教育部门、企业和院校等各个组织机构同时发力，强调跨界联合教育。具体来说，首先，县级政府相关部门要统筹管理，建立县政府新农学校管理领导小组开展工作，并在乡村振兴局下设教育培训需求办、在教委下设师资供给办，从根本上保证教学活动的开展。其次，在各乡镇建设新农学校，同时根据实际情况在人口较多或距离乡镇较远的乡村建立分校，主要负责收集整理乡村振兴和农民发展的职业教育需求并提供相应的职业培训。最后，由一所或多所优质高职学校牵头组建职业教育供给联盟，成员单位包括中职学校、相关科研机构、企业组织和企业。形成职业教育服务乡村振兴的动态调整师资库，保证师资队伍的先进性和科学性。

具体的运作链条是首先以村为单位收集乡民在生活、教育、工作、培训等方面的需求；其次以乡镇为单位进行意见和需求的汇总后报告给乡村振兴办；最后由乡村振兴办整合各乡镇新农学校的需求向教委提出建议方案，教委与供给联盟牵头学校共同拟定实施方案，最终由供给联盟组建教师团队实施教育培训。这种运作方式保证了信息在上传下达过程中的快速有效，既可以使乡民意见得到充分表达，提供更有针对性的职业培训，又可以方便各级部门之间的协调合作，形成合力。

新农学校作为承担农村职业教育的乡村组织，要凸显组织的教育功能。从工作内容上来说，新农学校除对居民进行技能培训、思想政治教育、乡村振兴政策及重要时事宣传外，还需要收集乡村居民对本村发展的建议、家庭发展所需支持等方面信息，通过教委统一分析处理，给予必要的帮助和支持。从人才培养方式来说，新农学校要根据农民实际采取弹性学制，实施农学交替、旺工淡学、半农半读的人才培养模式，将理论教学与实践教学、线上教学与线下教学、集中教学与分散教学、农忙工作与农闲读书结合起来，为乡民提供更加便捷的教育。从教学方式来说，针对农民文化水平相对较低的现实情况可以采取通俗教学，通过编口诀、方言授课、田间讲学等方式提高农民对知识的接受度。从课程设置来说，为培养与本地发展适配度更高的实用型人才，要建立动态的专业调整机制，面向技能人才紧缺领域和贫困劳动力等重点人群精准开发培训课程，大力开展职业培训。从教学场地来说，地点选择较为灵活，可以是在牵头学校内，也可以是在相关企业、农业生产基地，还可以是在县级职业教育中心、乡镇会议室、村委会议室、农村院坝和田间地头。此外，新农学校的建立和运行机制的完善，需要政府落实农民培训相关政策，保障农民职业技能培训权益。

乡村振兴和城镇化是国家的两大重要发展战略，虽发展理念和目的追寻有所不同，但终极目标是实现城乡融合共生下的乡村都市化和都市乡村化的美好愿景。在这个发展过程中，最关键、最活跃的要素是"人"，农村劳动力在其中扮演重要角色。他们从农村向城市转移和从城市向农村逆转移，以及多次从农村到城市、从城市到农村这种往复的转移，将对乡村振兴和城市可持续发展产生重要影响。从职业教育的视角出发进行分析和应对，需要培养农民亦工亦农、会工会农的知识技能和职业素质。过去在此方面已有少量研究，但在我国已经历史性解决绝对贫困的世界难题之后，在推进脱贫攻坚与乡村振兴有效衔接的新背景下，应对此予以更多关注。这对创新建构助力农民转移与复转移的职业教育模式，促进乡村振兴和城市可持续发展大有裨益。

# 第二章　梁漱溟乡村建设思想

　　中国特色社会主义建设进入新征程，开启新时代。习近平总书记强调"乡村振兴是实现中华民族伟大复兴的一项重大任务"。践行习近平新时代中国特色社会主义思想，我国正大力实施乡村振兴战略，要以乡村的全面振兴实现中华民族伟大复兴的中国梦。职业教育能够打通人才和产业之间的通道，具有为经济社会发展提供人才支持和智力支撑的重要作用。在新时代，职业教育如何更好地服务乡村振兴战略的实施，不仅需要实践方面的切实推进，更需要先进理论的引领。从建构新时代中国特色社会主义乡村振兴的思想体系、话语体系、制度体系和实践体系的需要来看，实施乡村振兴战略要坚定文化自信，要努力挖掘、传承和发扬体现中国特色的优秀乡村建设传统文化，在挖掘中传承，在传承中发展，并在传承与发展中实现新的创构。梁漱溟是我国现代乡村建设的先驱之一，他提出"只有乡村有办法，中国才算有办法"的主张，撰写《乡村建设理论》等著述，进行过多年的乡村建设运动，留下众多乡村建设方面的宝贵经验，对新时代增强职业教育服务乡村振兴的能力具有重要的思想启示和方法借鉴价值。

## 第一节　梁漱溟的乡村建设实践与理论

　　梁漱溟是我国近代的思想家和教育家，一生主要研究人生问题与中国问题，社会各界给予他高度评价，也被称为"哲学家""知名学者""社会活动家""社会改造运动者""现代新儒学的早期代表人物"。梁漱溟是一个以思想制胜的行动者，凡事都有思想、有行动，思想伴随行动，行动完善思想。他是一个思想一生不息、行动一生不止的具有强烈爱国爱民"深心大愿"的人，在其青年时代曾发出"吾曹不出如苍生何"的呐喊。他在《香港脱险寄宽恕两儿》中，更是坚信自己的人生志向与抱负："《人心与人生》等三本书要写成，我乃可以死得；现在则不能死。又今后的中国大局以至建国工作，亦正需要我；我不能死。我若死，天地将为之变色。历史将为之改辙，那是不可想象的，万不会有的事！"[1]

## 一、梁漱溟乡村建设理论的思想基础

梁漱溟关于乡村建设的著述主要有《乡村建设理论》《乡村建设论文集》，从其作品的内容和形成过程可以看出梁漱溟乡村建设理论的思想基础和核心观点。首先，关于乡村建设运动由何而起，梁漱溟认为：一是起于救济乡村运动；二是起于乡村自救运动；三是起于积极建设之要求；四是起于建设一新社会构造的要求。可以认为，"建设一新社会构造"[2]是梁漱溟乡村建设的重要旨趣。其次，梁漱溟乡村建设理论是在困勉中不断研索而成的，彰显了其百折不挠地开拓创新、不断实践的决心和毅力。1937年3月他在山东邹平乡村书店出版《乡村建设理论》，书中提到："我没有将复杂问题一眼看透彻的聪明，但我有抓住问题不放手的研索力，就会有被我弄通了的那一天。从这困勉功夫也能将高明人见到的而我也见到了。这本书，就是困勉研索的结果，正好给高明人的话作注解，给不明白的人作桥梁。"[3]从书籍的形成过程可以看出在困勉中寻找新的出路和办法是梁漱溟乡村建设理论的一大特色。最后，乡村建设理论内蕴解决问题要从认识问题入手的思想观点。梁漱溟在《乡村建设理论》的认识问题部分开篇讲道："大概所谓有好办法的人，并不是有好办法，而是于问题有明彻的了解而已"，"要本着历史的眼光去观察认识"，"要从其来历背景而有以测其前途将要如何才行"。可以看出，在乡村建设中要正确认识问题，找准关键，只有对问题有了更加清晰的认知才能找到更加适切的解决办法。

## 二、梁漱溟乡村建设试验的发展历程

梁漱溟的乡村建设萌生于为实施宪政、建设进步的新中国夯实基础。当时梁漱溟和很多知识分子、进步人士都认为，宪政是中国政治的前途，要学习英国的宪政。

---

1　梁漱溟.我生有涯愿无尽：漱溟自述文录［M］.上海：上海人民出版社，2013：189.

2　梁漱溟.乡村建设理论［M］.2版.上海：上海人民出版社，2011：3.

3　梁漱溟.乡村建设理论［M］.2版.上海：上海人民出版社，2011：2.

但当时的民众不懂宪政，没有参与政治的意识。"把选举权送给他们，他们还不要。"因此，梁漱溟认为实行宪政需要以乡村自治为基础，把民众组织起来搞合作社，引进先进的科学技术，搞好农村各项事业的建设，发展生产，改善生活。"乡村工作搞好了，宪政的基础就有了，全国就会有一个坚强稳固的基础，就可以建立一个进步的新中国。"梁漱溟乡村建设实践从 1927—1937 年历时 10 年，经历了以下三个阶段。

### （一）乡治阶段

1927—1929 年，梁漱溟在抱定"走乡村建设的道路，是唯一救国之途、立国之道"[1] 信念后，在广东逐步施行自己的乡治主张。1927 年底，梁漱溟与好友李济深在以乡治求国家统一方面形成共识，乡治主张得以落地实施。具体来说，一方面，在李济深的安排和支持下，为"地方武装团体训练员养成所"的 1000 多名学员举办了《乡治十讲》讲座，共讲演 10 次，宣传乡治的意义和办法。另一方面，梁漱溟担任省立第一中学校长一职，以此为根据地培养乡治的优秀人才[2]。梁漱溟通过减少教辅人员、整顿厨房管理制度、撤销服务部门等举措来锻炼学生的主体意识和动手能力，更加强调学生综合素质的提升。梁漱溟乡治主张是其乡村建设理论的萌芽阶段，其重视农村、农民的思想对后期乡村建设理论体系的形成奠定了基础。

### （二）村治阶段

1929—1930 年，梁漱溟从广东回北京后，受到河南一批朋友的邀请在河南开始了村治试验。当时，王一鸿等因为梁漱溟的乡治和他们的村治具有很大的相同之处，于是邀请梁漱溟参加，接办《村治月刊》，担任河南村治学院教务长。在此期间，梁漱溟起草了《河南村治学院旨趣书》，阐明了办学理念和宗旨。首先，梁漱溟认为鸦片战争以来中国的社会组织和文化体系在西方文化侵略下遭到破坏，而中国社会是一种典型的村落社会，解决农村问题是国家建设的唯一生路。其次，梁漱溟指出了乡村建设的主要原则是在发扬中国传统文化、重建乡村社会组织的基础上合理吸取西方文化中的有用成分，使二者共同为乡村建设服务。最后，梁漱溟将办学的人才培养目标定位为能够服务乡村建设的实用人才，并在教学方法上也注重培养学

---

1　马东玉.梁漱溟传［M］.北京：东方出版社，1993：81.

2　翟凌枫.梁漱溟乡村教育思想初探［J］.焦作师范高等专科学校学报，2020，36（1）：50-53，69.

生的自学能力和实践能力。在这些先进思想理念的引领下，河南村治学院取得了可观成绩。但是因中原大战的爆发，河南村治学院首批 400 名学生学习不足一年便结业了，1930 年 10 月停办。

### （三）乡村建设阶段

1931—1937 年，梁漱溟在山东开始了乡村建设试验。实验区开始在邹平县，后来增加了菏泽县[1]。在山东的做法不同于之前的乡治和村治，乡村建设是梁漱溟在《山东乡村建设研究院办法概要》中第一次提出的。开始时，梁漱溟所做的工作是乡村建设研究院的研究部主任，之后任院长。乡村建设研究院以乡村建设实验区为据点，开设乡村建设研究部和乡村服务训练部，承担不同的工作任务。其中，研究部主要从事乡村建设理论研究，负责服务乡村建设的高水平人才供应和培养。学生为专科、大学院校毕业生，学习期限为一年，每期招收 40 ~ 50 人。这个部门从根本上保证了乡村建设的理论先进性和强大的造血功能。训练部的学生为中学毕业生，每期招收 300 人左右，主要任务是对当地的青年进行职业训练，使其具备职业情操、实践能力和专业技能[2]。这个部门直接培养服务乡村建设的生力军，为其提供了人才保障。通过梁漱溟等人的不懈努力，到 1934 年，"邹平村立小学发展到 308 处，学生 8903 人；乡学 14 处，学生 750 人"[3]。但是，随着卢沟桥事变的爆发，乡村建设再次被按下暂停键，不过梁漱溟的乡村教育思想却在一次又一次的实践中越发成熟、渐成体系。

## 三、梁漱溟乡村建设试验的具体组织

### （一）改造乡约组织

梁漱溟积极探索，对乡约进行补充改造，建立新的社会组织。其中，乡约是一种以伦理情谊化和人生向上为主要目标的邻里之间约定承诺的组织，如德业相劝、过失相规、礼俗相交、患难相恤[4]。而补充改造是"其幼苗端倪在乡村，从乡村慢慢

---

1　梁漱溟.忆往谈旧录［M］.上海：上海人民出版社，2016：142-149.

2　魏文一.同处共学于书院：梁漱溟乡村建设实验中的团体生活模式［J］.中国农业大学学报（社会科学版），2021，38（3）：107-118.

3　梁培宽.梁漱溟先生纪念文集［M］.2 版.北京：中国工人出版社，2003：52.

4　徐其龙.民国时期杨开道与梁漱溟乡约改造思想比较研究［J］.哈尔滨工业大学学报（社会科学版），2020，22（1）：52-57.

开展成一个大的社会"[1]，并且必须是乡民的自动自发和立志发愿，要注重人生向上。梁漱溟的这种主张源自丹麦教育的启发，他认为教育应当强化人生行谊的指点指引，而不是知识技能的习练。"中国教育除非从此没办法则已，如其有办法，必是人生行谊教育之重提，其后其他一切知识技能教育乃得著其功；抑必将始终以人生行谊教育为基点而发达其他知识技能教育焉。"[2]梁漱溟认为依靠政府的外部力量进行地区自治将会陷入中国吏治传统的弊端，不仅会劳民伤财也会使乡村失去活力，因此对乡约组织进行补充改造，将乡民看成实现自救的能动主体，注重激发乡村自治的内生力量。最终实现以人为主体、伦理本位为基础、政治经济教育融为一体、乡村城市和农业工业沟通调和的新社会[3]。总的来说，梁漱溟补充改造后的新乡约组织更加以积极主动为内涵，即更加讲求事先通盘谋划而非事后补救，更加偏向社会而非个人，更加强调民间团体力量推动而非政府干预，同时更加注重广泛联合和整个中国问题的解决而非限于一村一乡的发展。

### （二）兴办乡农学校

乡农学校是梁漱溟开展乡村建设的又一具体组织，是补充改造后的乡约的实施性组织，"一面是为讲求进步所不可少，一面是用以形著我们的组织"[4]。乡农学校的组织结构包括校董会、校长、教员和乡民，乡民即是学生。乡农学校不只是一所学校，更是一种组织，强调校董会、校长、教员和乡民都是一个组织的人，都要遵从组织的约定。从本质上说，乡农学校不是现在农村的小学、中学，不是针对适龄儿童和青少年的教育，而是针对乡民的教育，是服务乡民求进步求发展的学校。今天的农村基本上没有这样的学校，即使有也不是梁漱溟所讲的具有组织性质的学校。后来，乡农学校演变为乡学村学，组织的性质和作用更加彰显。梁漱溟在《如何作村学一分子》中作了很多指引，如要以团体为重，要知道应为团体服务；尊重多数舍己从人，更需顾全少数彼此迁就；开会必到，有何意见即对众说出；好人要勇于负责出头做事；遵规约守秩序，敬长睦邻，尊敬学长并接受学长指点；信任理

1　梁漱溟.乡村建设理论［M］.2版.上海：上海人民出版社，2011：186-187.

2　梁漱溟.乡村建设理论［M］.2版.上海：上海人民出版社，2011：191.

3　梁漱溟.乡村建设理论［M］.2版.上海：上海人民出版社，2011：387.

4　梁漱溟.乡村建设理论［M］.2版.上海：上海人民出版社，2011：195.

事并爱惜理事；等等。可以看出，乡农学校是一个集教育功能、组织功能、经济功能和行政功能为一体的乡村组织。

# 第二节　职业教育服务乡村振兴的路径建构

2017 年，党的十九大提出实施乡村振兴战略；2018 年两会期间，习近平总书记在讲话中强调推动乡村产业、人才、文化、生态、组织五个方面的振兴；9 月，中共中央、国务院办公厅印发了《乡村振兴战略规划（2018—2022 年）》，提出了产业兴旺、生态宜居、乡风文明、治理有效和生活富裕五个方面的总体要求。2021 年，脱贫攻坚战取得全面胜利，消除了绝对贫困，创造了彪炳史册的历史奇迹。脱贫攻坚是乡村振兴的基础和前提，乡村振兴是脱贫攻坚的巩固和深化，新时代如何响应习近平总书记的号召，实现脱贫攻坚与乡村振兴有效衔接是我们面临的新挑战。职业教育是国民教育体系和人力资源开发的重要组成部分，和普通教育属于不同类型但处于同等重要的位置，能够为农村发展从脱贫攻坚转向乡村振兴提供人才支持和智力支撑。换句话说，乡村振兴战略愿景目标的实现需要职业教育的助力，而职业教育也能真正打通人才和产业之间的通道，更好地承担服务国家重大战略实施的使命。

## 一、乡村振兴战略的愿景目标

### （一）产业振兴

产业振兴是乡村振兴的物质基础，推进产业振兴要在提质增效、增收致富方面下功夫。从我国乡村产业类型来看，传统产业有农业、农产品加工业、手工业、农村建筑业、农村运输业和农村商业等，新产业新业态新模式有休闲农业和乡村旅游、农村电子商务、设施农业、智慧农业、共享农业、文创农业、农光互补、农业生产服务业、农业公园、田园综合体等。从目前乡村产业振兴存在的问题来看，主要表现在农业现代化仍是"四化同步"的短板、传统乡村产业亟待升级和新产业新业态新模式培育滞后。因此，从现实问题出发推进乡村产业振兴，要以农业供给侧结构性改革为主线，加快农业现代化步伐；以优化升级为导向，推动农村传统非农产业转型发展；以就地就近就业创业为导向，大力培育新产业新业态新模式。

## （二）人才振兴

人才是乡村振兴战略实施的生力军，人才的结构和质量决定着乡村振兴战略的成效和成败。乡村人才主要可以分为实用人才和科技人才两大类。其中，实用人才包括生产型人才、经营型人才、专业型人才、技能型人才、服务型人才、管理型人才；农业科研人才是专门从事农业科研、教育、推广服务等专业性工作的人才，具体包括农业科研人才、农机人才、农技人才、农业技术推广人才、农村技术服务人才等。目前，乡村人才振兴的问题主要表现在农村"空心化""老龄化"问题严重，"招人难""用人难""留人难"问题并存，农技推广人才队伍"老化""弱化"现象明显，人才下沉机制不健全等方面。因此，乡村人才振兴的重点应该放在培养"三农"专业人才队伍，进一步完善高素质（新型职业）农民培育机制，引导返乡人才创新创业并鼓励社会人才投身乡村建设，将人才素质提升作为检验人才培养效果的重要指标。

## （三）文化振兴

中华优秀传统文化的根基是乡土文化，乡土文化守护和孕育中华优秀传统文化。习近平总书记指出："乡村文化是中华民族文明史的主体，村庄是这种文明的载体，耕读文明是我们的软实力。"乡村文化包括农村的精神文明、农耕文化和乡村文明等，是乡村居民的信仰、操守、爱好、风俗、观念、习惯、传统、礼节和行为方式的总和。其中，精神文明以社会主义核心价值观为引领，农耕文化反映传统农业的思想理念、生产技术、耕作制度等，乡风文明反映农村居民的生活方式、生活习俗等。目前，乡村文化主要存在对中华优秀传统文化的传承保护和培育利用不够、乡村公共文化设施薄弱和文化活动较少等问题。因此，推动乡村文化振兴，要加强以社会主义核心价值观统领农村思想道德建设，传承发展农村优秀传统文化，丰富乡村文化生活等。

## （四）生态振兴

良好的生态环境既是农村发展的最大优势，也是农民生产生活的宝贵财富。总的来说，实现乡村生态振兴、内蕴发展绿色农业、改善农村人居环境是保护和修复农村生态系统的基本要求。目前乡村生态振兴的问题错综复杂：一是农业资源污染严重，畜禽养殖污染、农作物秸秆焚烧等问题突出；二是工业污染"上山下乡"对农村生态环境造成破坏；三是农村人居环境较差。因此，推动乡村生态振兴要探索建立农业资源休养生息制度，推动建立农业绿色生产方式，大力实施农村人居环境整治行动。

**（五）组织振兴**

要以组织振兴保障乡村振兴的可持续发展，乡村基础组织既是乡村治理的基本单元也是其根基所在。目前，乡村组织振兴主要存在部分农村组织乏力现象明显、村民自治组织管理水平不高、村级集体经济发展滞后等问题。因此，推进乡村组织振兴，要打造坚强的农村基层党组织，发挥战斗堡垒作用；要深化村民自治和农村基层法治、德治，建立和完善村庄治理新机制新模式；要提高基层管理和服务水平，发展新型农村集体经济。

**二、职业教育服务乡村振兴战略实施的政策要求**

《乡村振兴战略规划（2018—2022年）》对在农村地区面向广大劳动者开展职业学校教育和职业培训作出了明确指示，同时也对县级职教中心建设、人才培养模式、资助政策等方面作了具体要求，充分彰显了职业教育在乡村振兴战略实施中的重要性。教育部办公厅《关于办好深度贫困地区职业教育助力脱贫攻坚的指导意见》提出了8项建设任务，要求把职业学校办成农村技术培训与推广、人力资源开发和农村劳动力转移培训的重要基地，高等职业学校的扩招要向贫困地区倾斜。中共中央办公厅、国务院办公厅《关于加快推进乡村人才振兴的意见》明确提出，"加快发展面向农村的职业教育"，通过加强农村职业学校的基础能力建设来提高职业教育的服务能力和服务水平。《职业教育提质培优行动计划（2020—2023年）》提出要"建设100所乡村振兴人才培养优质校"，旨在加大对农业农村振兴提供足够的紧缺急需人才供给，发挥好职业教育在服务乡村振兴战略中的重要作用。同年11月，农业农村部、教育部联合遴选100所乡村振兴人才培养优质校，组织开展推介工作，计划利用5年时间，培养100万名乡村振兴带头人。在遴选工作通知中指出，乡村振兴人才培养优质校建设的出发点是要整合农村职业院校优质教育资源，形成乡村振兴的人才聚力，通过"农村优质资源建设—农民学历教育开展—农校人才培养改革—优质人才培育"的基本逻辑链条"以优促优"。领会国家政策要求，职业教育要以人才培养为切入点服务乡村振兴，包括面向"读书人"的助学服务、面向"务工人"的技能提升服务和面向"留守人"的生产生活改进服务。

## 三、职业教育服务乡村振兴的路径建构

目前，有不少关于梁漱溟乡村建设理论和实践当代价值的研究成果。吕甜甜认为梁漱溟乡村建设理论蕴含回归意识、教育意识、合作意识和实践意识"四个意识"[1]；黄金来认为，梁漱溟乡村建设理论回答了当时进行乡村建设的原因、主体、方向和方式等，其提倡新礼俗、重视乡农学校和弘扬合作精神等主张对当下农村发展具有启示价值[2]；杨林林认为，借鉴梁漱溟对独特国情的理解和把握、"建设乡农学校"的实践、"建设新乡约"的理念和"激发个人向上动力"的思想，当下乡村建设要坚持一切从实际出发，重视基层组织建设、发挥教育的引领作用和有效激发人民群众内生动力。可以看出，这些研究都对梁漱溟乡村建设理论进行了不同程度的本土化借鉴，但并未有学者从乡村建设理论出发探讨其对乡村振兴的启示价值。而在乡村振兴战略积极推进的时代背景下，重新审视梁漱溟乡村建设理论的成功经验和有效做法，能够更好地服务乡村振兴。

### （一）培育"三农"情怀，激发乡村振兴发展活力

可以说，梁漱溟进行乡村建设的出发点是其对祖国和人民的深厚情怀。梁漱溟在《回忆我从事的乡村建设运动》中讲道："我在中学读书的时候，就很关心国事。"当时他认为，要改变中国的落后和被帝国主义侵略欺侮，就必须改造中国的政治，并认为英国的宪政是最理想的。而中国实施宪政缺乏农村基础，于是就有了"乡村工作搞好了，宪政的基础就有了，全国就会有一个坚强稳固的基础，就可以建立一个进步的新中国"的社会改造观点。梁漱溟对社会改造的情怀不止于认知，更渗透在身体力行中。"搞乡村工作的理想、志愿确定后，我总想找一个地方试试看。"[3]梁漱溟对乡村建设用情极深极厚，他曾作过"以出家精神做乡村工作"的"朝会"演讲。他说他搞乡村建设，如同和尚出家是被一件生死大事打动心肝、牵动生命，离开了朋友，抛弃了亲属，像和尚到庙里去般地到来此处。梁漱溟认为"乡村人很

1　吕甜甜．梁漱溟乡村建设理论的"四个意识"及其时代启示［J］．安徽农业科学，2020，48（18）：239-241，244.

2　黄金来．梁漱溟《乡村建设理论》给乡村振兴的启示［J］．中国农村科技，2021（10）：62-65.

3　梁漱溟．忆往谈旧录［M］．上海：上海人民出版社，2016：142-143.

有一种乡土观念，仿佛把他的村庄也看作是他的家乡"[1]，他希望乡村建设研究院的学生也能具备这种情怀和精神，只有这样才能将乡村建设贯彻到底。

目前，我国乡村的伦理精神正在被商业精神所侵蚀[2]。习近平总书记指出"乡村振兴既要塑形，也要铸魂"，循着梁漱溟的思想踪迹可以将"铸魂"理解为培育"三农"情怀。职业院校要学习梁漱溟从事乡村建设的情真意切，加强"三农"情怀的培育。从教育对象来说，"三农"情怀教育要覆盖教育过程中的所有主体要素，包括教育行政人员、学校领导、教师和学生。只有这样，才能确保"三农"情怀教育的一脉相承和上下一致。除此之外，招生和培养要适度向农村地区倾斜，要关注和关心从农村招来的学生，让他们能够在学成之后以更高的热情投入家乡建设中。从教育内容来说，"三农"情怀教育要在使学生获得与其个性相匹配的职业和与其岗位相匹配的技能的基础上，激发学生对家乡故土的热爱情感，着重培养学生回乡建设的理想信念和支持关心家乡建设的积极心理，也就是"念乡情怀"。从教育方式来说，所谓"礼失而求诸野"，"三农"情怀的培育必须在"三农"实践中进行，即要坚持"教育与生产劳动和社会实践相结合"的基本原则和根本方式。职业学校的学生因其生活空间有限，只有让他们从关注和关心自己家乡入手，从他的注意力和活动力所能够达到的地方入手并逐渐拓展到其他地方，才能随着地方的拓展将"三农"情怀从一个具体的村庄扩展到整个国家和社会。总的来说，只有让参与乡村建设的主体具备"三农"情怀，才能使乡村振兴更加焕发活力。

**（二）坚持因地制宜，聚焦乡村振兴关键问题**

梁漱溟的乡村建设理论不是凭空设计的，而是在考察乡村现实情况的基础上形成的。1928—1929 年，他曾考察了陶行知的晓庄试验乡村师范学校，从中汲取了他所称道的做法和经验，并准备在广东省中学施行；也曾考察了黄炎培在江苏昆山徐公桥的乡村改进会，晏阳初在河北定县的乡村平民教育会，考察结束后著有《北游所见纪略》；在去河南开展村治时，他专门拟写了《河南村治学院旨趣书》；在去山东开展乡村建设时，拟写了《山东乡村建设研究院设立旨趣及办法概要》。这些实际考察经历为梁漱溟在乡村建设过程中坚持实事求是、因地制宜奠定了坚实基础，

1　梁漱溟．忆往谈旧录［M］．上海：上海人民出版社，2016：142-143.
2　黄金来．梁漱溟《乡村建设理论》给乡村振兴的启示［J］．中国农村科技，2021（10）：62-65.

也是乡村建设取得实效的根本保证。

我国幅员辽阔，东中西部发展不平衡，即使在一个具体的地区，城郊、农村发展也存在很大差距。这就要求职业教育在谋划和服务乡村振兴战略实施中，要坚持因地制宜、一地一策的方法。具体来说，通过实际考察对现有规模较大的中心村和具备较大发展空间的村庄，确定为聚焦提升的助力策略，应着重促进乡村人才素质的综合发展，推进专业化村庄建设。针对农业基础条件较好的村庄，重点依托农业资源优势，加快发展现代农业，助力改善农业基础设施条件；针对二、三产业发展相对较好的村庄，重点助力特殊工艺、手工业发展，带动原材料种植业发展；针对城市近郊区村庄，因为具备成为城市后花园的优势，要助力其融合发展，包括促进城乡产业融合、基础设施互联互通和公共服务设施共建共享；针对历史文化名村、传统村落、少数民族特色村寨、特色景观旅游名村，要实行特色保护的发展策略，要助力其保护、利用与发展，强化村庄规划设计引导，挖掘利用文化旅游资源等。另外，对于要搬迁撤并的村庄，要助力搬迁居民的就业培训等。学习梁漱溟在乡村建设过程中现场考察并深刻认识问题的方式方法，可以避免乡村振兴中的盲目冒进和脱离实际，使各个乡村能够依托当地资源优势走特色化发展之路。

调研发现，不少职业院校正在为更好地服务乡村振兴战略的实施积极开展工作。重庆工程职业技术学院是国家和重庆市高职"双高"建设单位，在精准扶贫和实施乡村振兴战略中积极作为，成绩突出。学校与重庆市江津区中华职业教育社合作建立了乡村振兴学院。其中，财经与旅游学院与相关村委会合作，建设了农产品销售"青果"电商平台；艺术设计学院为多个村落绘制了弘扬社会主义核心价值观的农舍壁画。目前，学校作为重庆市发改委乡村振兴集团成员单位，派出4名处级干部在重庆市最偏远的城口县担任驻村第一书记。这些干部白天与村干部一同工作，一去两年，难能可贵，以实际行动赢得了村民的认同，成为村民的主心骨。重庆市梁平区以打造小微湿地为抓手建设美丽乡村。梁平职业教育中心开展职业教育服务小微湿地建设课题研究，在小微湿地公园设立小微湿地建设学校。重庆市江南职业学校牵头组建农民培训集团，年培训量达到10000人次以上，重庆市深改办2019年在该校召开了职业教育服务"三农"发展现场会。这些学校的做法和成绩表明，职业教育在服务乡村振兴战略的实施中大有作为。

### （三）开展成人职业教育，壮大乡村振兴人才队伍

梁漱溟乡村建设试验在实施过程中有三个特征：一是以组织为依托。在菏泽地区是乡约改造后的乡农学校，在邹平地区是乡学和村学。二是以教育为手段。梁漱溟强调"政治、经济、教育三者合一不分""教育居于最高领导地位"[1]，通过教育提高乡民素质进行乡村建设。三是以成人为主体。梁漱溟的乡农学校即乡学、村学，不是针对儿童的学校，主要是针对成人的学校，因为从短期来看成人是乡村建设的主要力量。因此，乡村振兴战略实施背景下，乡村成人教育同样应该得到关注和重视。循着梁漱溟的实践经验，可以通过建立组织并在此基础上开展乡村成人教育。

如今，一方面由于乡村主要劳动力外出务工，乡村人口"空心化""老龄化"问题严重；另一方面留守在家的农民还要承担照看儿童和田间劳作的工作。在这种情况下组织乡民接受教育虽有必要，但难以实施，所以乡村成人教育必须改革和创新。

首先，要建立一个体系完备的学校组织——乡镇成人学校。学校建在乡镇，乡镇和各村主要领导为校务委员会，乡镇党委书记为校长；下设产业振兴培训部、人才振兴培训部、文化振兴培训部、生态振兴培训部、组织振兴培训部，不同部门之间信息互通、协同一致；根据需要建立若干示范基地，全乡镇所有常住人口均为学生。乡镇成人学校可以有效地将政府部门、学校组织、乡村成员和产业发展等要素统筹起来，能够作为服务乡村振兴的基层组织单元发挥作用。

其次，乡镇成人学校作为承担农村成人教育的乡村组织，要凸显组织的教育功能。从工作内容来说，乡镇成人学校除对居民进行技能培训、思想政治教育、乡村振兴政策及重要时事宣传外，还需要收集乡村居民对本村发展的建议、家庭发展所需支持等方面的信息，通过乡镇办公室统一分析处理，给予必要的帮助和支持。从人才培养方式来说，乡镇成人学校要根据农民实际采取弹性学制，实施农学交替、旺工淡学、半农半读的人才培养模式，将理论教学与实践教学、线上教学与线下教学、集中教学与分散教学、农忙工作与农闲读书结合起来，为乡民提供更加便捷的教育。从教学方式来说，针对农民文化水平相对较低的现实情况可以采取通俗教学，

---

1　李渊庭，阎秉华 . 梁漱溟年谱［M］. 北京：商务印书馆，2018：98.

通过编口诀、方言授课、田间讲学等方式提高农民对知识的接受度。从课程设置来说，为培养与本地发展适配度更高的实用型人才，要建立动态的专业调整机制，面向技能人才紧缺领域和贫困劳动力等重点人群精准开发培训课程，大力开展职业培训。

最后，要善于利用现有资源作为成人教育的辅助力量。可以借助高职学校和县级职业教育中心开发教学资源、提供专业教师和组织开展村级干部、高素质农民、村级集体经济负责人培训，最大化地为乡民提供优质教育，助力乡村振兴战略的实施。

任何实践都需要理论的指导和引领，选择正确的理论可以有效指导实践，乡村振兴作为国家的重大战略更是如此。在为乡村振兴选择合适的理论经验的过程中，可以是国外引进也可以是本土借鉴。从国外引进来说，一方面，国外的先进理论固然有其先进性、科学性优势，但是在移植过程中首先要进行"中国化"，要克服政治意识形态差异下的"水土不服"，往往容易陷入生搬硬套的困境；另一方面，近代中国人向西方学习往往是出于"崇洋"和"不自信"的心理，学得越多越是不明就里，越是对本国文化的否定。因此，乡村振兴战略的实施不能抵触引进国外的先进理论，但是也要重视中国的本土经验。梁漱溟曾在中国大地上开展的乡村建设试验，是一个富有爱国情怀和"三农"情怀的乡村建设者在其所属时代的乡村振兴实践。虽然乡村建设运动最终由于种种原因以失败告终，但其很多思想观点至今仍旧熠熠生辉。我国自古便有"以古为镜，可以知兴替"的说法，乡村建设的成功经验可以带给我们方法策略的启示，而失败教训也可以让我们更加警惕审慎防止错误重犯，这就是本土化经验的优势。在中国特色社会主义进入新时代和乡村振兴战略大力推进的背景下，重新审视梁漱溟乡村建设理论经验，具有思想启迪和行动指导价值。

# 第三章　晏阳初乡村建设思想

晏阳初先生 1918 年在法国华工营中，开始识字扫盲教育，到 1990 年他生命的终点，一生都在从事平民教育和乡村建设事业，被世人盛赞为"世界平民教育之父""人类伟大的思想家""真正的哲学家""杰出的发明者""现代具革命性贡献的世界伟人"等。

学者杨华军指出，在晏阳初思想研究领域至少有四大关系需要注意，具体为平民教育与乡村建设之间的辩证关系、"无教"与"误教"之间的辩证关系、普及义务教育的近功与远效之间的关系、理解平教、乡建运动从弱小到宏大的渐变突变问题[1]。而在乡村振兴战略如火如荼展开的背景下，从晏阳初平民教育实践经验出发思考乡村振兴战略的实施路径，无疑是避免借鉴国外经验产生"水土不服"弊端和无科学理论指导下盲目行动的有效方法。

## 第一节　晏阳初平民教育实践历程

20 世纪 20 年代开始，乡村建设运动在我国大地上轰轰烈烈地展开，一时之间平民教育和乡村建设等活动蔚然成风。

### 一、胚胎、试验与奠基时期（1914—1929 年）

#### （一）平民教育的肇端

平民教育胚胎时期始于第一次世界大战（1914—1918 年）。当时，中国派遣了 20 万名华工（多是山东、河北一带的平民）远渡重洋，在战场上负责修路、挖战壕、

---

1　杨华军.教育家晏阳初新论［J］.河北师范大学学报（教育科学版），2016，18（6）：31-38.

搬运物资等极其艰辛的苦力工作。但是，尽管华工在战场上吃苦耐劳、任劳任怨，但因为大多数人未曾受过教育，因此没有知识；同时由于身处异国他乡，在语言、风俗等方面难以适应，举止行为常常给人以粗鄙的印象。而当时我国国力衰弱，因此华工也被英法的军官瞧不起，对待他们视同牛马，动辄鞭打叱骂、奴役虐待。适时晏阳初正在美国耶鲁大学读书，美国的青年知识会招聘中国留美学生到欧洲战场从事华工服务工作，晏阳初便欣然响应号召。到欧洲后，晏阳初每天的工作就是替英法军官翻译并指导华工生活，提倡正当娱乐。在这个过程中，晏阳初既目睹了华工由于不识字、没有知识所遭受的毒打、辱骂和虐待，也感受到了华工的醇厚善良、聪明才智，便萌生了为华工开展教育的念头。最开始的试验阶段，应华工能看报写信的要求，晏阳初在选择教材的过程中以能满足华工切实需要的知识为内容，只招收了 40 个学生，并自编教材、亲自讲授。后来华工教育成效显著，影响逐渐扩大，最终使 20 万名华工都有了识字受教育的机会。这次的成功试验为后期的平民教育奠定了基础。

**（二）发动全国平民识字活动**

当时，中国 80% 以上的国民都是农民，都是苦力，华工教育的成功试验使晏阳初认识到了苦力的力量，认为只有依靠教育开发苦力中国才能向前发展。在中华基督教青年会全国协会总干事余日章先生的引荐和帮助下，在青年会创办了平民教育科，由晏阳初主持工作。通过对当时各地的贫民学校、共读学校进行科学调查，晏阳初总结出办平民教育有三大困难，即没有经济基础的"穷难"、没有时间的"忙难"和中国文字难学的"文难"，要解决这三大困难，平民教育必须具备经济的、简单的和基础的等特征，而识字作为接受教育的基础工作便被最先提上日程。首先，晏阳初组织人员对中国汉字的使用频率进行科学统计，最后得到 1000 个常用字，编写教材《平民千字课》，作为平民教育的教育内容。接下来，晏阳初选定湖南长沙为试验区，开始寻求赞助、宣传、招生、选校舍、请教师，一共设立了 50 多个平民教育班。长沙的平民学校 4 个月毕业，第一学期的学生年龄分布在 14 ~ 58 岁，涉及52 种不同的专业，共计 956 人顺利毕业。几年后，长沙一带平民有 20 万人之多都受过识字教育[1]。长沙这次识字运动，发挥了极强的辐射带动作用，后在华中、华北、

---

1　晏阳初 . 平民教育与乡村建设运动［M］. 北京：商务印书馆，2014：335.

华南等各大城市均掀起了轰轰烈烈扫除文盲的识字运动，平民教育促进会一类的组织机构也如雨后春笋般成长起来。

### （三）总的领导机构的设立

1923 年 5 月，熊夫人朱其慧等亲临嘉兴等地参观，认为平民教育至关重要，因此在上海召开中华平民教育促进会筹备会，晏阳初被推举为筹备会干事之一。1923年 8 月，筹备会在北京帝王庙正式召开全国平民教育大会，参与者 400 余人。大会在演讲报告之后通过了简章，由此，全国平民教育总的领导机构——中华平民教育促进会总会正式成立，晏阳初担任总干事。当时国内环境并不太平，平民教育事业一度受阻，即使在如此困难的情形下，平教会的工作也未曾有一刻停止。在总会的领导与推动下，短期内中国已有半数以上省份成立了省区平民教育促进会。此时注意到了 3.5 亿农民的教育工作，开设了乡村教育部，划定京兆、保定区为试验区，将平民教育工作由城市推向农村[1]。由于现实需要，平教会总会扩张为推行、研究和育才三个方面，并在每个方面下设不同部门，使领导机构的工作更加畅通有效。

平民教育的发展离不开社会各界人士的支持和帮助，值得一提的是，在这一时期，随着越来越多的平民涌进学校，从事平民教育的工作者开始改编课本、改进方法。例如，浙江嘉兴香山中学的工作者创造了新的教具——幻灯，并试行了群众教学法，使教学效率大大提升，后期凭借新工具新方法还在东三省开展了士兵教育。这一时期的平民教育具备科学的、实践的、正宗的三大特征，并在国内产生了巨大的影响。

## 二、从识字教育到乡村建设（1929—1937 年）

有了之前的全民识字教育作为基础，1929 年，晏阳初决定集中精力在河北定县开展实验工作。晏阳初认识到，人民是国家的基础，大部分人民在广大的农村；而教育是提升人民智能的重要武器，因此乡村建设的首要对象是"人"。这与办慈善事业的救济性质的教育是完全不同的，办慈善事业往往存在"人存政举，人亡政息"的弊端，而平民教育旨在激发农民的自觉性，让他们能够自己改革、自己创造、自己建设。为了使教育更加切合农民的实际需求，晏阳初带领一批秀才、博士和学者

---

1　晏阳初.平民教育与乡村建设运动［M］.北京：商务印书馆，2014：342.

到定县后，先给农民做"学生"，虚心地从学习中去发现、研究并解决问题，将定县打造成一个"社会的实验室"。为了使教育易于被农民接受，晏阳初和学者秉持将教学内容基础化、教学方法简单化和经济化的信念，力求使平民教育最终能够普遍化和大众化。在深入开展调查研究的过程中，晏阳初认识到中国人民存在愚、穷、弱、私四大问题，而要彻底解决必须开展文艺教育、生计教育、卫生教育和公民教育四大教育不可。具体来说：

**（一）以文艺教育来攻"愚"**

一开始，晏阳初抓住最迫切受教育的 14～35 岁的男女青年开展教育，时间是每天 1 小时，解决了农民学习中的"忙难"问题；以《千字课》教材中的 1300 个常用字为内容，解决了"文难"问题；《千字课》卖 3 分钱一本，解决了"钱难"问题。当时，定县共有 8 万名农民青年，平民教育基本做到了全覆盖。在这 8 万名青年毕业后，便组织成立"平民学校毕业同学会"，这个组织建立在共同教育的背景下，以持续不断地求知识和团结起来改造乡村为主要目标，打破了以往将家族作为单位的现状，展现出组织活动的团结力量[1]。在同学会成立后，为了满足青年继续求知和组织活动的需要，晏阳初等人又设立了平民文学部，主张从民间收集材料编印初高级平民学校课本和平民读物，到 1937 年编了将近 1000 多种平民读物。除此之外，还有郑裳先生主持的艺术教育，吸引了大文学家、大艺术家来到定县进行平民文学、平民艺术的研究；无线电广播采用方言播放农业常识和农民四季疾病预防等现实需要的内容；熊佛西先生主持的平民戏剧同样办得有声有色，一心为平民写戏剧，大受农民欢迎，激发了农民的创作积极性和团结心。

**（二）以生计教育来攻"穷"**

从根本来说，当时的中国是一个农业大国，生产的基础是农业，因此要培养人民的生产力不能不注重生计教育，于是晏阳初等平民教育实践家在民国十八年（1929年）设立了生计部，专门开展生计教育研究和实践。一方面，晏阳初开始抓生产，对当地的棉花、鸡、猪等进行了品种改良，提高了产量，并让农民自己做科学的农业表证，提高了自信心。另一方面，晏阳初等人开始抓农民的经济组织，通过开设合作仓库和抵押借款的方式让农民不贱卖棉花，提高农民收益；通过组织棉农运销

---

1　晏阳初．平民教育与乡村建设运动［M］．北京：商务印书馆，2014：362.

合作社避免了中间商的剥削，使本来 12 万元的生意在两三年后增加到 160 万元；通过成立合作金库来促进金融流通。

### （三）以卫生教育来攻"弱"

卫生教育的主要目标是培养农民的强健力。晏阳初等人通过调查发现，定县 472 个村子中只有 270 个村子有中医，其余 200 个村子连中医都没有，而当时全县每年的医疗费是 12 万元。在这种人财两空的情况下，晏阳初建立了县、区、村三级卫生机构。在村一级安排保健员，从每村平民学校同学会卫生组的会员中选拔 1～2 人经过 2～3 周的训练后担任；在区或乡镇一级设立保健所，由受过普通训练的医生和护士各一人负责；在县一级设立保健院，规模较为完备，由专门的医生坐诊，负责全县的保健工作。这种村有保健员、乡镇有保健所、县有保健院的相互衔接的卫生组织机构，使定县达到了全民保健的效果。

### （四）以公民教育来攻"私"

公民教育主要是培养民众的团结力和自治力，解决农民的散和私的问题。公民教育最重要的是进行县政改革，因为没有好的县政就没有好的省政，就没有好的国家建设。晏阳初认为，只有抓住政治力量，训练人民自治的能力，使民众的力量能纳入政治的轨道，一切的行动能"法"化，才能从根本上培养民众的团结力和自治力。但是，由于县政改革威胁到当官者的利益，曾受到重重阻挠，最终在 1932 年召开的第二次全国内政会议上提出了县政改革案，几经周折得以建立河北省县政建设研究院。晏阳初在全县成立公民服务团，建立了稳固的基层组织，推进充实基层的建设活动。这个公民服务团是县政建设的重心，使一切的建设活动都落到人民身上，使人民的一切活动法律化。

## 三、战时与战后时期（1937 年以后）

1937 年战事爆发后，晏阳初主持的平民教育工作在克服重重困难后继续展开，在抗战动员等方面发挥了重要作用。

晏阳初等人组织了"农民抗战教育团"，招收 60 个大学毕业生，共分 10 个团，到乡村去做宣传工作[1]。后来根据战事需要扩大规模，动员湖南省全省民众参与抗战

---

1　晏阳初 . 平民教育与乡村建设运动［M］. 北京：商务印书馆，2014：379.

工作。晏阳初认为，全民行动非得取得民心不可，由此必须进行县政改革，最终卓有成效。具体来说，其一，进行了制度改革，主要是废区设督导员，建立了督导制度，在政府和民众之间起到上传下达的起承转合作用；其二，技术辅导制度，即县除有督导员之外，关于各方面建设工作，更有各项专门人才任辅导员以巡回辅导，解决民众各种建设的技术问题；其三，行政干部的训练，主要通过对全省的县长、科长和秘书等上级人员进行训练，使他们具备科学的"治人"本领。抗战期间，敌人进攻湖南，三战三北，使湖南保持五年之久不受敌人的蹂躏，就是得益于过去民众组训的基础，军事上得到民众的合作。

　　总的来说，晏阳初所进行的实践活动是一种独立的、科学的、革命的、实际的、基础的、平民本位的教育活动。将广大平民作为教育对象，以开发民众的"脑矿""力矿"为根本目标，试图使中国占绝大多数人口的农民成为具备"智能"的建设者。这种乡村建设思想在当时国力衰弱、战事频仍的大环境下或许呈一定的理想化，但是在如今脱贫攻坚取得节节胜利转入巩固成果的背景下，无疑具有巨大的借鉴价值。和平时代不需要大刀阔斧地革命，更需要温和地改良和改造；不需要完全地破坏、推倒和重建，更需要因地制宜地修缮和改进。中国 14 亿人，在知识经济时代，如若能够开发全民"脑矿"，乡村何愁不振兴，民族何愁不进步。

# 第二节　乡村振兴的战略布局与乡村人才振兴的隐喻

## 一、乡村振兴的整体战略

　　从总体来说，我国已经保质保量地实现了全面脱贫，经济社会发展到以城带乡、以工促农的阶段，巩固脱贫攻坚成果、做好与乡村振兴战略的有效衔接是当下阶段的首要任务。但是反观我国脱贫攻坚成果，依然存在脱贫农户收入不够稳定、扶贫产业同质化严重且创新能力不足、脱贫人口受教育水平偏低且部分人口存在"等靠要"思想而未实现精神脱贫等问题，这些问题不加以重视将会导致脱贫人口再次返贫。因此，必须实现巩固脱贫攻坚成果和乡村振兴战略的有效衔接，将巩固脱贫攻坚成果作为乡村振兴的基础内容，将促进乡村振兴作为巩固脱贫攻坚成果的主要目标。党的十九大报告指出，农业农村农民问题是关系国计民生的根本性问题，必须始终把解决好"三农"问题作为全党工作重中之重。随后，在《中共中央 国务院关于实施乡村振兴战略的意见》中进一步阐明了乡村振兴战略的重要意义，认为实施乡村振兴战略是"解决人民日益增长的美好生活需要和不平衡不充分的发展之间的矛盾的必然要求"。乡村振兴战略是党和国家立足新时代对农村发展进行的全局规划和顶层设计，实现乡村的产业兴旺、生态宜居、乡风文明、治理有效和生活富裕是其愿景目标，对促进农业全面升级、农村全面进步、农民全面发展具有重要作用[1]。但是由于我国幅员辽阔，各个地区资源禀赋和发展条件差异较大，因此乡村振兴战略的实施没有统一的模式，既需要因时制宜更需要因地制宜[2]。乡村振兴战略是党和国家促进农业农村现代化的重要举措，对缩小城乡差距、解决"三农"问题具有重要推进作用。乡村振兴战略的实施离不开大批技术技能人才的支撑，这从根本上对教育领域提出了新要求、新挑战。

## 二、乡村人才振兴的隐喻

20 世纪 20 年代，国家政局动荡，国力衰弱，普通民众生活异常艰难。晏阳初虽然看到了中国人民身上的愚、穷、弱、私等问题，但同时也看到了潜藏在广大中国人民身上的无限能量。虽然在外国人眼中，中国地大物博、矿产资源丰富，但是在晏阳初看来，中国最珍稀、最大的资源是 3.5 亿农民未被开发的"脑矿"和"力矿"，这是中国重新崛起、再次屹立于世界民族之林的力量和底气。在中国特色社会主义进程持续推进和知识决定经济效益的新时代，在乡村振兴战略全面实施的大背景下，通过开发农民"脑矿"和"力矿"来进行乡村建设的思想依旧熠熠生辉。

### （一）强调智能发展以激发民众知识力

乡村振兴归根结底是人才的振兴，而人才的振兴归根结底在于智能的发展。综观西方发达国家的发展，其迅速崛起并在国际上站稳脚跟的缘由无不在于人民整体素质的提升。人才是乡村振兴战略实施的不竭动力和力量源泉，而能够识字、有

---

1 张丽君，田一聪，时保国.民族地区乡村振兴战略的理论回溯与研究展望：基于知识图谱的可视化分析［J］.中央民族大学学报（哲学社会科学版），2019，46（2）：5-13.

2 王文龙.落实乡村振兴战略应厘清五大问题［J］.吉首大学学报（社会科学版），2020，41（2）：82-90.

知识、有文化是对乡村人才的底线要求。20 世纪 70 年代，日本社会学家鹤见和子提出了内生式发展理论，该理论强调区域发展中的居民、企业和地方政府等主体是地区发展的主导者，是一种由内而外、自下而上的发展模式[1]。从根本上来说，乡村振兴只有走向内生式的发展才能使其焕发勃勃生机，因为外扶式的乡村振兴最终只会沦落到"人存政举，人亡政息"的尴尬境地。因此，乡村振兴战略实施过程中的科技人才、专家博士的帮扶和指导固然重要，最为关键的还是要使在乡村生活的主体自身具备建设意识和建设能力，即让农民"自立自强"。而使农民自身具备乡村建设能力必须开发农民的"脑矿"，发展农民的智能，以"脑矿"产生"力矿"，推动乡村振兴向内生式发展。农民没有知识，没有适于产业发展的职业技能，便只能在乡村建设中等专家指导、靠政府帮助、要资源救济，这不仅不能充分调动乡村人才振兴的主体力量，反而让农民在乡村振兴中只能被动地以逸待劳。

**（二）强调产能提升以促进民众生产力**

提升人才产能以提升民众生产力是乡村人才振兴的最终目标和发展诉求。简单来说，这里的产能即人才参与乡村振兴过程中的生产能力，产能提升是民众参与乡村建设能力的重要指标。发展是硬道理，民众没有好的生产能力也就意味着没有好的生存能力和参与乡村振兴的建设能力。乡村振兴中的产业兴旺、生态宜居、乡风文明、治理有效和生活富裕等目标的实现需要民众具备生产能力，准确来说就是职业能力。因此，必须使人才具备良好的生产力，能够以一技之长来服务乡村建设，这是乡村振兴的最终归宿。只有人才的生产能力提升了，乡村人才振兴才能真正取得成效。

**（三）强调体能增强以提高民众强健力**

增强人才体能以提高民众强健力是乡村人才振兴的先决条件和基础。毛泽东曾说，"身体是革命的本钱"，同理推之，身体也是乡村振兴过程中人才的本钱，强健的体魄是其参与乡村振兴的前提和基础。因此，增强体能是乡村人才振兴的言中之义。西方国家曾称中国人是"东亚病夫"，虽言过其实却也指出了中国人

---

1　胡霞，刘晓君 . 内生式发展理论在乡村振兴中的实践：以日本岛根县邑南町为例 [J] . 现代日本经济，2022，41（1）：58-77.

在体能锻炼方面的疏忽。乡村振兴是一项国家战略，所需要的人才不仅涉及各行各业，同时也需要人才身手敏捷、身体强健。试想，若是乡村建设人才大多病恹恹的、无精打采、体弱多病，那么乡村振兴的成效也会大打折扣。习近平总书记曾多次强调全民健身的重要性，2016 年国务院印发的《全民健身计划（2016—2020年）》中就指出"全民健康是国家综合实力的重要体现，是经济社会发展进步的重要标志……把身心健康作为个人全面发展和适应社会的重要能力"。可见，体能合格、身体强健是参与一切劳动的基础和保障，也是个体享受劳动成果的必要条件。

**（四）强调价值植入以培养民众团结力**

乡村人才振兴培养了农民的知识力、生产力和强健力，但即使如此，若乡村人才没有公德心和团结力，乡村振兴终究还是一盘散沙。因为这样的人才即使再有才华，其一举一动也只顾自己的个人利益而不顾团体组织的前途命运，培养这样自私自利的乡村人才不但徒劳无功反而耗费精力。因此，乡村人才振兴要对民众进行价值观教育以培养团结力。总的来说，要通过中国特色社会主义核心价值观的正确引导，使大学生、退伍军人、农民工，以及社会各类参与乡村振兴的优秀人才能够团结一心，拧成一股绳，齐心协力开展乡村建设。德国社会学家斐迪南·滕尼斯在其著作《共同体与社会：纯粹社会学的基本概念》中提出了"共同体"概念，是乡村人才振兴中强调价值引导培养民众团结力的理念基础。所谓"共同体"，就是"一种因某种积极关系而形成的团体"[1]，其核心内容为目标同一、主体多元和整体协同。具体来说，通过向民众宣传和阐释乡村振兴的理念和初衷，能够让各级各类人才秉持共同的愿景目标，拥有共同的奋斗方向，避免乡村振兴过程中由人心不齐造成的资源损耗和交易摩擦；通过向民众宣传乡村振兴是每个中国人义不容辞的责任，培养乡村振兴人才的国家、民族、家乡等情怀文化，让各级各类人才都承担起服务乡村振兴的责任，促进乡村振兴中的多元主体参与和乡村繁荣；通过向民众进行价值引导，让乡村在建设过程中能够步调一致、节奏同频、内容共享。

---

1  周彦兵.类型教育视域下职业教育教学组织共同体建设研究［J］.教育与职业，2021（18）：49-53.

# 第三节　晏阳初平民教育思想对乡村人才振兴的启示

张志增指出，晏阳初在河北省定县开展的平民教育试验体现了一种大教育观和系统论思想，率先将平民教育从城市推向了农村并在我国教育领域使用西方近代社会科学研究方法，同时还带动了我国知识分子来到农村参与乡村建设，这些具有开创性的做法时至今日依旧具有重要的参考价值[1]。乡村振兴归根结底需要人才来贡献智慧和力量，没有人才的乡村振兴将会沦为空谈。人才是乡村振兴战略实施的生力军，人才的结构和质量决定着乡村振兴战略的成效和成败。乡村振兴人才主要可以分为实用人才和科技人才两大类。其中，实用人才包括生产型人才、经营型人才、专业型人才、技能型人才、服务型人才、管理型人才；农业科研人才是专门从事农业科研、教育、推广服务等专业性工作的人才，具体包括农业科研人才、农机人才、农技人才、农业技术推广人才、农村技术服务人才等。目前，乡村人才振兴的问题主要表现在农村"空心化""老龄化"问题严重，"招人难""用人难""留人难"问题并存，农技推广人才队伍"老化""弱化"现象明显，人才下沉机制不健全等方面。因此，乡村人才振兴的重点应该放在培养"三农"专业人才队伍，进一步完善高素质（新型职业）农民培育机制，引导返乡人才创新创业并鼓励社会人才投身乡村建设，将人才素质提升作为检验人才培养效果的重要指标。

## 一、以人才全面发展为教育目标

乡村振兴需要什么人才？难道只是具备职业技能能够服务国家战略、产业升级和经济发展的"生力军"吗？那么乡村振兴的"人性化"体现在何处。乡村人才振兴不仅仅是人才生产能力的提升，而应该指向人才的全面发展，更加注重人才的需求表达和主体性提升。总的来说，只有全面提升上至领导干部、下至平民百姓的综合素质，乡村振兴才有了人才支持和智力支撑的坚实基础。因此，在乡村人才振兴

---

1　张志增. 晏阳初及其主持的定县乡村平民教育实验［J］. 中国职业技术教育，2016（34）：117-123.

过程中,对乡村人才的培养要强调全面发展,注重将其讲话、作文和做事进行"一贯化"考虑,具体来说,包括四层意思。其一,要培养人才实现讲话和作文"一贯化"发展,即"怎么想的怎么说",这要求人才能够做到表里如一,诚实地进行话语表达;其二,要培养人才实现讲话和做事"一贯化"发展,即"怎么说的怎么做",这要求人才能够做到言行一致,严格履行自己的承诺;其三,要培养人才作文和做事"一贯化"发展,即"怎么想的怎么做",这要求人才能够做到知行合一,实现理论和实践的相互促进;其四,要培养人才讲话、作文和做事的"一贯化"发展,即所想所说所做能够一以贯之,成为一个有思想、会表达、能做事的全面发展的人才。

## 二、以产教融合为原则遵循

产教融合是职业教育中的根本理念和原则遵循,旨在培养更加适于企业、产业和行业需求的实践型技术技能人才。而乡村人才振兴基于对乡村人才进行全面培养的目标,必须使乡村人才的"脑矿"和"力矿"同时得到开发。理论性的科学知识更多是开发乡村人才的"脑矿",必须通过实践操作让"脑矿"的能量进行转化,成为开发"力矿"的动力源泉。劳动是乡村人才的最本质的存在方式和成长模式,劳动能力的培养需要产教融合、理论和实践一体化。这里的产教融合相比职业教育中的产教融合具有更加广泛的意义,旨在让人才获得普遍意义上的劳动能力,即在乡村人才培养过程中打破科学知识和实践劳动之间的藩篱,能够在促进产业链和教育链融合的过程中实现理论和实践的一体化发展。即以学校为代表的教育部门和以企业为代表的生产部门。以培养全面发展的技术技能人才为导向,通过平等对话、师资共建、资源共享、平台搭建和制度创新等活动进行协同育人。在这个过程中,教育链和产业链以人才红利为共同目标,采取订单培养、基地共建、顶岗实习、项目合作和工学交替等不同程度的合作方式来提高人才综合素质[1]。

## 三、以"四大教育"为教育内容

在教育内容方面,对当地民众进行文艺、生计、卫生和公民这"四大教育",这四种教育内容各有侧重,共同施于影响使民众知识更加全面发展。其中,文艺教

---

1 易卓.组织社会学视角下"引教入企"的产教融合模式探索 [J].高等工程教育研究,2021(5):134-140.

育要涵盖文化常识、基础知识和艺术教育，增长民众知识和智慧来培养科学头脑，培养人民文艺兴趣使民众热爱生活，发扬民族精神。生计教育旨在从农业生产、农村经济、农村工艺等各方面出发，授以农民科学方法、科学知识，增进民众生产能力和改善民众经济生活。卫生教育要通过向民众传授科学医药常识、养成卫生习惯、建设卫生环境和倡导全民健身等，使人人成为健康的国民，以培养其身心强健的力量，以促成公共卫生的环境。公民教育的意义在于养成人民的公共心与合作精神，在根本上训练其团结力，以提高其道德生活与团结生活。一方面要在一切社会的基础上培养人才的团结力、公共心，使他们无论在任何团体，皆能努力成为一个忠实、有原则、有底线的个体；另一方面要在人类普遍共有的良心上，发展人才对国家大事和战略方针的判断力、正义心，使他们在大是大非面前都能自觉自信。

## 四、以"三大方式"为教学途径

在马克思主义哲学中，内容和形式是辩证的统一关系，两者相互制约、相互依赖。没有内容，形式就无法存在；没有形式，内容也无从表现。乡村人才振兴中对人才进行培养既需要充实教育内容，更需要讲究内容的传授方式。从知识传授途径的角度来说，具体可以分为学校式教育、家庭式教育和社会式教育。其一，杜威的实用主义中提出"学校即社会"的理念，将学校看成经过人为精心设计的浓缩的社会，旨在让学校更好地与社会进行衔接，让学生的所用即所学。乡村人才振兴中的学校教育要以传授知识、提升技能和发展能力为根本目标，系统地向学生传授科学知识，保证人才接受知识的全面性和正规性。其二，相比学校教育，家庭教育的正规性和科学性较弱，表现出一定的自组织性和随意性。但是家庭式教育中的所教和所学之人关系亲密、高度信任，且教学形式多以交流、讨论展开，更加自由灵活，容易在轻松愉快的氛围中形成一种教学相长的关系，更加有利于人才获得知识和信息。其三，社会是一个"大熔炉"，士、农、工、商等行业人才应有尽有，在社会中学习是任何个体时刻都在进行且需要坚持终生的事业。开展社会式教育不仅能让乡村振兴的人才学到不同的知识、结识不同的伙伴、获取不同的资源，而且能让他们紧随社会的发展和需要及时进行自我提升和技能升级，使人才更能贴近社会需要。

# 第四章　卢作孚乡村建设思想

卢作孚（1893—1952 年），重庆合川人。他是一个致力于教育救国、实业救国的杰出人物，其进行的乡村建设试验在当时持续时间最长，也是唯一一个乡村建设成果得以保存下来的典范。他的乡村建设有别于梁漱溟、晏阳初等乡村建设的理念和路径，具有"现代社会建设"的意味。卢作孚创建了独特的"产学结合""实业＋科教"的乡村建设模式，与晏阳初、梁漱溟赢得了民国"乡建三杰"的美誉，经其设计建设的北碚广受中外知名人士盛赞。陶行知称北碚为"建设新中国的缩影"[1]；美国杂志曾将北碚誉为"平地涌现出来的现代化市镇"，并称赞其是"迄今为止中国城市规划最杰出的例子"[2]；有学者认为"北碚模式"可与"上海模式"相提并论，不仅让大众看到了中国式现代化建设的可能性，同时也创建了中国城镇化建设的典型模式。

卢作孚本人也得到社会各界人士的肯定评价。毛泽东曾经与黄炎培在论及我国民族工业发展时，说有四个不能忘记的人，其中一个就是卢作孚。1953 年五一劳动节那天，毛泽东对张澜讲到，卢作孚是一个人才，他的逝世很可惜。梁漱溟自认为与卢作孚是"精神上彼此契合无间"的人，他在《怀念卢作孚先生》一文的开头一句话讲到"卢作孚先生是最使我怀念的朋友"。梁漱溟评价卢作孚胸怀高旷、公而忘私、为而不有，是"庶几乎可比于古之贤哲焉"的人物。这里的"可比于古之贤哲"更是极高的评价[3]。晏阳初称赞道："昨天我在北碚看见从前不识字的农民现在识字了；从前没有组织的，现在有组织了；从前没有饭吃的，现在收入也增加了。"[4]这一切都离不开卢作孚开拓创新的乡村建设试验和教育救国实践。

1　陶行知.陶行知全集：第四卷［M］.成都：四川教育出版社，1991.

2　周永林，凌耀伦.卢作孚追思录［M］.重庆：重庆出版社，2001.

3　周永林，凌耀伦.卢作孚追思录［M］.重庆：重庆出版社，2001.

4　宋恩荣.晏阳初全集：第二卷［M］.长沙：湖南教育出版社，1992：344.

# 第一节　卢作孚"教育救国"思想与实践

## 一、教育以谋生

1909 年，年仅 16 岁的卢作孚小学毕业后在成都勤工俭学期间，以住处为授课场所，招收了一批初中补习生，收取授课费解决生计，这是他后面几度执教的发端。他还将授课的心得加以总结梳理，编写了《卢思数学全解》等教材一套，后面正式出版了《应用数题新解（整数部）》。这是他出版的首部著作，迄今在四川省各大型图书馆还可找到当时的版本。

1911 年辛亥革命推翻帝制后，卢作孚作为有功之人，本可去当时的奉节任夔关监督。但他感觉没有意义，谢绝了委任，留在成都一所补习学校教书，同时给各大报馆撰稿，为共和新政造势。当时他认为辛亥革命在唤起民众觉悟方面做得不够。袁世凯窃权后，捕杀革命党人，卢作孚经历多次险情后回到老家合川，后转往江安县，在县立第一中学任数学教师。在教学中摸索出一套具有个人特色的教学方法，其宗旨"就是教学生如何去思想，并且如何把思想活用到数学中去"[1]。

## 二、教育以救国

1914 年，卢作孚在上海公共图书馆和书店阅读整整一年的书，改造社会的观念从激进转为改良，萌生了"教育救国"的理想，认为"国中万事，希望若绝，寻求希望，必于教育事业"，"欲使民众觉醒，最便捷之途，莫过于广开教育"[2]。在此期间，他结识了黄炎培、黄警顽、赵连成等，为他后来的教育救国事业提供了极大帮助。1915 年，卢作孚致信老家合川县立中学校长刘极光，希望回去当老师，不久收到聘书。但因为路途遥远，回去后已是初冬，刘校长已经另外聘请了教师。1916 年初，合川福音小学校长刘子光专设一数学教员职位，聘请了卢作孚。但不到一个月，

---

1 凌耀伦，熊甫．卢作孚文集［M］．北京：北京大学出版社，1999：528，353.

2 唐文光，李萱华，等．卢作孚文选［M］．重庆：西南师范大学出版社，1989：8.

卢作孚因一篇文章得罪权贵被诬陷"通匪"入狱，后经各界士绅作保救出。1917年，卢作孚在成都报馆工作，得到老家合川县中学校长杨鹤皋邀请，回去出任监学兼数学教师。1920年，卢作孚再次去到江安县立中学任数学教师，潜心研究教学方法，探索教育救国之路。年底，川军第2军第9师师长杨森任泸永镇守使，兼永宁道尹，在泸县提出"建设新川南"的口号。卢作孚看到了实现教育救国理想的机会，便以卢思之名向杨森上万言书，建议改革教育。1921年，杨森委以卢作孚教育科长职务。

卢作孚的教育改革分两个方面同时进行，最初是发展民众教育，建设了图书馆，举办各种展览，送书下乡，促进全民阅读，开启民智。不到1年时间，图书馆藏书达到10万册以上。每逢周三和周六，定期举办时事讲座、开辩论会，传播新思想。卢作孚教育改革的第二个方面是改造川南师范学校，主张要"打破教科书""打开校门"，即"不但要让学生到自然界或社会里去，并且要让社会的或自然的教材到学校里来"[1]。卢作孚的教育改革理想是要教给学生"活"的知识、有用的知识，而非刻板的经文讲义。他对"有的人竟被学校教死了"极感痛心，呼吁"教育要从小学起，把如一张白纸的儿童一直教好下去，不要教成死人，甚至教成坏人"[2]。卢作孚聘请少年中国学会会员王德熙任校长，后来又邀请到恽代英任职教务处主任，引进了穆济波、周晓和等新派人物任教，显出了人才济济的新气象。通过改革，川南师范成为全省的名校，为满足求学者的需要，在城外忠山增办了分校。新川南、新教育、新风尚的美名不胫而走。

1922年，杨森任命卢作孚为永宁道教育行政。但这一年，四川又起战乱，杨森兵败退出泸县。新的军阀全盘否定之前的教育改革，于是卢作孚在泸县的教育改革终结，回到重庆居住，通过思考得出结论：依靠地方实力派军人支持，从事新文化运动和新教育试验难以实现目的，必须拥有一份自己能够掌控的事业。1922年底至1923年夏，卢作孚等人到上海、江苏考察了职业教育和实业发展状况，得到黄炎培等人的支持，参观了电力厂、锯木厂、造船厂等企业，拜访了张謇。通过考察，卢作孚对"实业救国"和依托于实业的"教育救国"事业有了新的认识，滋生了"微生物式"的社会革命思想。1923年9月，卢作孚在重庆的省立第二女子师范任职，

---

1 刘重来．卢作孚画传［M］．重庆：重庆出版社，2007：35.

2 唐文光，李萱华，等．卢作孚文选［M］．重庆：西南师范大学出版社，1989：449.

任校董事会副董事长，兼任国文教师。

### 三、教育以启智

1924 年，杨森东山再起，出任四川省军务行动都督，进驻成都，力倡为政必重教育、实业、交通、市政，电召卢作孚出任省教育厅厅长。但卢作孚吸取之前教训并未应允，而是表示设立通俗教育馆，得到杨森的同意。1915 年，中国第一个通俗教育馆在江苏南京创办，当时的北京政府令各省依照执行，四川省第一个建立起来的通俗教育馆在三台县，而成都迟迟没有建立，因此卢作孚提出在成都建立通俗教育馆，杨森予以同意。卢作孚经过考察，决定将通俗教育馆建在少城公园（今成都人民公园）。1924 年 8 月 8 日，通俗教育馆举行开馆仪式，来宾千余人。当年"双十节"全馆开放，参观者至少 2 万余人。馆内举办各种展览、演出各种剧目、开展多种教育、举办各种体育赛事。文艺活动之余，通俗教育馆以对民众进行启蒙教育为重要工作，举办科学、教育、社会改革的演讲会，向大众传播五四以后的新文化、新风尚。通俗教育馆的建设，得到社会各界的大力支持。名誉馆员 116 位，有机械工程师、土木工程师、体育教练、音乐家、古董专家、画家、园艺家、中西医专家、兽医等。卢作孚对馆内陈设及活动极富创意，每月不同，甚至每周不同、每天不同。"只要你这个月到过通俗教育馆，下个月你再去，便觉得有些不同了，乃至于这一周你到过通俗教育馆，下周你再到便觉得有些不同了；乃至于今晚闭馆时你到过通俗教育馆，明晨你再到，便觉得有些不同了。"[1] 通俗教育馆的创建和开放使平民大众也能够得到教育和艺术熏陶，极大地开启了民智，整个成都呈一派向学乐学的繁荣景象。

## 第二节 卢作孚的乡村建设思想与实践

1927 年 2 月 5 日，卢作孚出任四川省江巴璧合特组峡防团务局（以下简称"峡防局"）局长，由此成就了他的乡村建设历史功绩，成为享誉中外的民国

---

1 凌耀伦，熊甫 . 卢作孚文集 [ M ] . 北京：北京大学出版社，1999：266.

"乡建三杰"。卢作孚为什么要进行乡村建设？一方面，卢作孚是一个具有民族大义的爱国主义者。熊亚平指出，身处国家内忧外患、社会经济衰败和民生凋敝的时代，卢作孚心系国家和民族的存亡发展，不断思考改革社会和实业救国的方法，最终提出要"创造出现代需要的新社会"和建立一个"完全独立自主的民主国家"的伟大构想[1]。这既是卢作孚进行社会改革的理想目标，也是萌生实业救国思想的基础，而实现这一伟大构想的途径是进行乡村建设。另一方面，卢作孚是一个站在"民生立场"为广大人民谋生活、谋幸福的人。刘来兵认为，民生立场是卢作孚进行社会改革和乡村建设的根本出发点，由此开创了以"实业—民生—教育"为逻辑的乡村区域现代化建设模式和典范[2]。"民为邦本，本固邦宁"，只有实现人民生活的现代化才能更好地实现整个社会的现代化，而人民物质生活的富足是实现现代化的重要方面，因此必须进行乡村建设。可以看出，正是认识到乡村在中国整个社会中具有基础地位和出于对民族未来、人民生活的深刻思考，卢作孚认为乡村建设好了才能实现一场从中国底层发起的"微生物式革命"，最终实现以"乡村—省市—国家"为链条的现代化建设。

## 一、乡村建设的理想目标

1925 年，卢作孚从合川县城出发，渡过涪江至南津街，然后东下，考察了嘉陵江的三峡。在卢作孚的志向中，乡村建设是一生必须完成的社会试验。他所筹划的乡村建设，不只是扫盲与脱贫，"是要赶快将这一个国家现代化起来"。其任务包括提升经济水平、建设新的文化体系、重建公共道德、营造安宁的社会环境。开展这项工作的价值在于，"在这一个乡村里为中华民国做小小的试验，供中华民国小至于乡村大至于国家的经营的参考"[3]。所以他经营峡防局的抱负是"要把三峡经营成为一个灿烂美好的乐土，影响到周围的地方，逐渐都经营起来，都成为灿烂美好的乐土"。他当时所讲"三峡"是嘉陵江三峡。峡防局的驻地北碚在温塘峡与观音峡之间，背倚缙云山麓，面对嘉陵江，为嘉陵江三峡的中心地段。卢作孚上任 4 天，

---

1　熊亚平.卢作孚乡村建设思想的历史定位：从乡村建设最早提出者问题谈起[J].福建论坛（人文社会科学版），2014（4）：88-94.

2　刘来兵.民生主义视野下卢作孚的区域教育现代化建设 [J].湖北社会科学，2015（3）：86-91.

3　凌耀伦，熊甫.卢作孚文集 [M].北京：北京大学出版社，1999：528，353.

就撰写了《改进计划书》，勾画了北碚乡村建设的蓝图，提出了打破苟安现状、创造理想社会的口号。在其关于北碚乡村建设的蓝图中专门有人民一条，作出了对人民的承诺："皆有职业，皆受教育，皆能为公众服务，皆无不良嗜好，皆无不良的习惯。"[1] 对于市政建设，他的理想是："皆清洁，皆美丽，皆有秩序，皆可居住，皆可游览。"[2]

## 二、乡村建设的具体举措

卢作孚是如何开展乡村建设的？刘玥指出，总的来说，卢作孚的乡村建设具有三个内涵特征：其一，培养了公民参与意识，大大提升其权利地位和话语表达；其二，构建了集政治、经济、文化、教育和管理为一体的现代化城镇功能体系；其三，实现了自主城镇化[3]。具体来说，卢作孚主要进行以下几个方面的建设：

### （一）唤醒民众，向往文明

在北碚，卢作孚所做的第一件事是修建嘉陵江温泉峡温泉公园，当时所刻制碑石至今仍存于北碚北温泉公园中。当时的碑文构想了未来理想的社会，碑文末几句写道："将来经营有绪，学生可到此旅行；病人可到此调摄；文学家可到此涵养性灵；美术家可到此即景写生；园艺家可到此讲求林圃；实业家可到此经营工厂，开拓产业；生物学者可到此采集标本；地质学者可到此考查岩石；硕士宿儒，可到此勒石题名；军政绅商，都市生活之余，可到此消除烦虑，人但莅止，咸有裨益。"做此事业意义是什么？卢作孚的目的，是让耳目闭塞的民众看到另一世界，从而向往文明；认识到一切美好和谐，并不是存在于纸上，而是可以亲手建立的；是向民众宣誓造福民众并展示造福民众的操作过程和成果。这种文化环境的打造具有凝聚力量、感化人心的重要作用。孙金指出，梁漱溟的乡村建设试验中蕴含丰富厚重的乡村文化建设理念和切实可行的具体做法。具体来说，主要有"以人的训练为核心、青年为作用主体、重视物质积累、强调理想再造和改善民生为目标等五大理念"[4]。在具体乡

---

1 凌耀伦，熊甫.卢作孚文集［M］.北京：北京大学出版社，1999：360.

2 凌耀伦，熊甫.卢作孚文集［M］.北京：北京大学出版社，1999：389.

3 刘玥，王江萍，任亚鹏.现代化城镇建设的规划蕴涵：以卢作孚"北碚实验"为例［J］.西南大学学报（自然科学版），2021，43（9）：153-161.

4 孙金，卢看天.卢作孚乡村文化建设的理念和路径［J］.浙江学刊，2020（2）：232-238.

村文化建设中，主要采取了吸收先进文化、重建公共秩序、学习现代科技和推崇知行合一等具体做法。

## （二）肃清匪患，整治治安

卢作孚所做第二件事是肃清匪患，整治治安。其做法一是震慑，二是清剿，三是感化。提出了化匪为民、寓兵于工，以匪制匪、鼓励自新的治安之策。峡防局类似一所寓兵于工的职业学校，匪患肃清后，遣散的士兵都有了一门手艺，可以谋生，而不去伤害群众，改变了过去匪患之后是游氓的社会治安问题。与此同时，还开展了禁毒、禁赌和禁娼运动。除此之外，卢作孚还重视环境整治，包括开辟码头、修整街道、建设市场、设立路牌、取缔土地祠、清除露天尿缸、成立市民自治会等。

## （三）集合人才，训练人员

卢作孚所做的第三件事是集合人才，训练人员。关于如何录用人才，卢作孚提出两条原则："大才过找，小才过考。"[1] "过"是四川的方言，是依靠的意思。所谓大才，即是能负责部门工作的人才，北碚乡村建设的诸多单位，如金融、学校、工厂、科研、园艺、警察等部门的负责人，都是卢作孚从别处找来的。小才是需求量大的中低端人才，卢作孚采用以训练为主的办法进行培养，前后共举办了三期少年义勇队和工人义勇队训练班，并在训练营地写有醒目的标语昭示培训宗旨："忠实地做事，诚恳地对人。"[2] 培训内容涵盖纪律、品德、意志与知识等方面，每天早晨都要组织学员参加体育锻炼，冬季还要到嘉陵江洗冷水澡，既是锻炼身体，也是锻炼意志。

## （四）兴办教育，开启民智

卢作孚所做的第四件事是开展民众教育，开启民智。卢作孚认为教育对乡村建设尤为重要。吴洪成指出，卢作孚认为在教育活动中不仅要满足个体发展需求，同时也要将个体置于社会中培养适合经济社会发展需要的人才，即在乡村建设中要重视教育对个人和社会两个层面的重要作用[3]。而在进行乡村教育建设的过程中，孙金指出，卢作孚尤其重视对青年的职业教育。主要目的是培养青年服务社会的能力，通过军事化训练来磨炼青年的意志和心智，采用分类式教育来锻炼青年的适应能力，

---

1　清秋子.百年心事：卢作孚传［M］.北京：新星出版社，2016：100.

2　清秋子.百年心事：卢作孚传［M］.北京：新星出版社，2016：101.

3　吴洪成，辛然.现代实业家卢作孚教育社会论初探［J］.职业技术教育，2019，40（24）：74-79.

并通过团体生活来提高青年的集体意识[1]。

具体来说，首先，卢作孚因地制宜，将城内的关帝庙、东岳庙、天上宫、禹王宫等场地利用起来，开办博物馆、图书馆、织布厂、医院、工艺售货处、川剧团等，为老百姓创造文化丰富、科学昌明的生活氛围。其次，1927年卢作孚在鞍子坝租地建设"北碚公共体育场"，规划足球场、篮球场、器械场、网球场、沙坑等不同场地。1928年10月举办了秋季运动会，设竞赛项目22个；1929年4月举办了嘉陵江运动会，是当时四川省近代体育史上规模最大、项目最多、动员最广的一场体育盛会。再次，1930年9月，卢作孚发起成立了中国西部科学院，倡导"研究实用科学，辅助中国西部经济文化事业之发展"，这是当时四川省第一所科学研究院，卢作孚亲自担任院长。最后，卢作孚还提出建立中学和辖区图书馆。当时是私立兼善中学，招收本地贫寒子弟，后作为西部科学院的下属单位，增设了小学部及高中部。校名取自"穷则独善其身，达则兼济天下"之意，校训是"舍得干，读兼善"。这是现在北碚兼善中学的前身。民众教育如此开展后，一个以新文化、新道德为标志的公共社会就这样逐渐建立起来。

### （五）促兴产业，发展经济

卢作孚所做的第五件事是促兴产业，发展经济。陈旭东通过将卢作孚乡村建设试验与同时期其他乡村建设试验进行比较发现，重视教育和文化几乎是所有乡村建设者的共识，而卢作孚在此基础上还看到了经济建设在实现乡村现代化过程中的基础作用和中心地位[2]。卢作孚在进行乡村建设的过程中富有远见地推进了农村银行和农村合作社的建设，从根本上促进了乡村资金的流动和融通，保障了农业生产的顺利开展，同时也使农民生活得到切实改善。除了兴办农村银行，卢作孚还重视社会企业在乡村经济建设中的促进作用。杜洁等人指出，卢作孚建设北碚乡村和创建民生公司的实践，主要围绕社会组织构建、乡村物质建设和乡村人才训练来展开，彰显了乡村社会企业进行本土化社会治理的优势，是进行乡村经济建设的有益实践和有效经验[3]。

1 孙金.民国时期青年职业教育运动的社会学考察：以卢作孚社会建设试验为例[J].中国青年研究,2019(12)：95-101.

2 陈旭东.卢作孚乡村建设的金融识见与实践[J].重庆社会科学,2017(11)：93-98.

3 杜洁，张兰英，温铁军.社会企业与社会治理的本土化：以卢作孚的民生公司和北碚建设为例[J].探索,2017(3)：138-143.

除此之外，其一，为解决北碚煤炭运输问题，卢作孚于 1927 年 8 月组建了北川民业铁路股份有限公司，1928 年 11 月破土动工，一年后建成了 8 千米窄轨铁路，系当时四川省第一条铁路。1933 年工程完工后，铁路路程为 16.8 千米，设站 11 个。1944 年，美国副总统华莱士到访北碚时乘坐火车观光。当时，重庆市市民以乘坐北碚火车为时尚。该铁路的建设极大地促进了煤业的发展。1949 年后一直沿用，1968 年因地表煤层采尽方才拆除。其二，1930 年 10 月，建成当时四川省第一座机械织布厂 —— 重庆三峡染织厂，其广告词为："三峡国布，风行全国，花样新颖，永不褪色。"其三，为改善北碚的通信状况，卢作孚组织学生和士兵架设了电话线，使电话网覆盖峡区各乡镇，联通北碚至重庆、合川。交通、纺织和通信等产业的发展，大大促进了北碚的经济流通和繁荣。

## （六）建立组织，集体生活

卢作孚所做的第六件事是建立组织，集体生活。总的来说，民国时期的乡村建设强调实现乡村政治的自治化和民主化，重在培养乡民的民主意识。郭晗潇通过研究指出，卢作孚将乡村秩序建设看作乡村政治建设的根本问题，同时强调构建地方自治组织，以乡民的主动参与和话语表达为着力点，进一步激发乡民在乡村建设中的积极性[1]。卢作孚出任峡防局局长后，峡防局职员、官兵的工作与生活方式焕然一新。每天黎明起床，全体职员到公共体育场运动半小时，午前午后办公 4 小时，读书 2 小时，完毕后到运动场自由运动 1 小时，晚上开各种会议或练习音乐 1 小时。士兵每日晨早场操 2 小时，午前或午后做社会改造，如挖土、扫路、修花园，植树 8 小时。职员每人有读书笔记，每周全体职员会议后举行读书报告，并须先缴读书大纲，由主任人员加以讲评，每月举行一次考试。这种以组织为单位的集体生活，使职员和官兵建立了共同信任感和集体荣誉感，更加懂得团结合作。

## （七）城市乡村，融合发展

卢作孚所做的第七件事是城市乡村，融合发展。卢作孚很早就注意到农村和城市在发展中可能出现的结构对立问题，并就如何促进协调发展进行了审慎思考。他分析认为，因为乡村不易求学，有了学问亦没有用的处所，所以要求学的和有学问的人民，都不能留在乡村，而必须移入城市。因此，不但乡村人口逐渐减少会成为

---

1　郭晗潇.近代以来我国乡村建设的路径选择［J］.社会建设，2019，6（1）：84-89.

乡村问题，城市人口无止境地逐渐加多更会成为城市的问题。人口集中于城市，在现今（卢作孚所处那个时代）的欧洲美洲已经成了问题，在未来的中国，亦自必成为问题。要避免它，便应赶紧解决乡村问题，所以乡村地位十分重要。解决的方法是必须促进城市和乡村融合发展，以消解城市和乡村各自发展带来的弊病。

### 三、乡村建设的主要成效

卢作孚的乡村建设实验取得了什么效果？可以说，"乡村现代化"和"人的现代化"是卢作孚乡村建设的核心思想和最终目标，即通过乡村建设"创造出现代需要的新社会"和建立一个"完全独立自主的民主国家"。潘家恩等指出，卢作孚通过社会冲突转化、社会资源整合和社会价值实现等方式，将本来落后贫穷的北碚以极低的成本建设成符合城乡社会转型需要的治理结构，使乡村的各种资源快速回流[1]。即通过乡村建设，卢作孚真正创建了以民生为导向的、强调社会参与的创新性社会企业，同时开创了乡村城镇化发展和城乡逐渐融合的新局面。具体来说，卢作孚通过乡村建设使原本沉闷落后的乡镇，成为一个富有朝气的改革试验区，一个陈腐因循的宗法社会，一个崇尚新思想、新道德的现代社会。并且其经验很快向周边辐射，影响大于当时的四川（今重庆）璧山、江北的一些乡镇。1942年，国民政府行政院批准北碚试验区成为一等县设置，成为地方行政单位。

# 第三节　卢作孚教育与乡村建设的当代启示

### 一、将乡村振兴与城镇建设一域化思考

城乡融合发展是乡村振兴的必由之路[2]，实现乡村振兴和城镇建设的一域化发展是其言中之义。所谓一域化，即要求对某一省、某一市或某一县的发展在区域范围内进行统筹考虑和统一规划，以求实现一体化发展和融合发展。城乡二元结构对立

---

1 潘家恩，马黎，温铁军. 从"土匪窝"到"新中国缩影"：北碚历史乡建启示录［J］. 中国农业大学学报（社会科学版），2020，37（3）：47-56.

2 何小军. 全面推进乡村振兴　建立城乡融合发展示范区［J］. 重庆行政，2021，22（6）：37-39.

阻碍了城乡融合发展进程，只有将乡村振兴和城镇建设进行一域化考虑，才能更好地促进城乡融合，这是因为乡村振兴和城镇建设具有深刻的内在联系。一方面，乡村振兴可以解决城镇建设过程中的环境问题和"大城市病"，可以促进城乡产业实现融合发展，通过要素供给助力城镇化进程；另一方面，城镇建设是乡村振兴的"助推器"，能够促进城乡之间人才、技术和资源等要素的合理配置和自由流动，解决农村剩余劳动力就业问题，补齐乡村振兴的短板。具体来说，乡村振兴与城镇建设的一域化发展，首先，要实现城市群与城镇的有效衔接和广泛交互，发挥城市群对区域内城镇的辐射和带动作用；其次，要以国家规划为依据和准则，进一步优化乡村振兴的空间布局，建设统一的城乡市场，促进城乡之间的要素流动；再次，要通过教育和培训提升人才综合素质，增强乡民参与乡村振兴和城镇建设的能力；最后，要以产业为依托，以经济发展激发城乡融合发展的"人气"，使乡村振兴有基础，城镇建设有依托。

## 二、将人的发展与物的创生一体化思考

　　无论是乡村振兴还是城市的可持续发展，最终都离不开人的发展和物的创生。从辩证的角度来说，人是生产力中最活跃的要素，人创造了"物"；而物是生产力中不可或缺的要素，物成就了人。因此，乡村振兴和城市的可持续发展要实现人和物的一体化发展，这包含三层意思。其一，要实现城乡之间人和物的一体化发展。这就要求在实现城乡融合的过程中将人才培养与经济社会发展需求有效衔接起来，既要根据产业发展层次和类型确定人才培养方案，又要根据城乡人口规模与分布合理规划产业。其二，要实现城市人口和乡村人口的一体化发展。城市人口和乡村人口在数量、结构和质量方面存在较大差异，乡村振兴和城市的可持续发展既要鼓励城市技术人才到乡村进行建设，又要促进乡村剩余劳动力到城市进行就业。因此，必须将城市人口和乡村人口的就业和发展一体化考虑，避免人才的无序流动和人力资源的重复建设。其三，要实现城市资源和乡村资源的一体化发展。资源配置差异是城乡发展不平衡的主要原因，而将两者之间的资源进行统筹规划是实现乡村振兴和城市可持续发展的必要手段。如果单纯地只顾及城市或乡村一方的资源建设，必将导致整个区域资源建设的重复浪费和无效投入，因此要以全局意识进行一体化思

考。总的来说，乡村振兴和城市的可持续发展不能顾此失彼，更不能厚此薄彼，顾头不顾尾，必须以一体化的融合发展为主要思路进行"全局"谋划和"通盘"建设。

### 三、将过去、现在与未来一脉化思考

乡村振兴和城市的可持续发展既要借鉴过去的经验和方法，又要了解现有的资源和条件，更要明确未来的发展和走向，将过去、现在和未来进行一脉化思考。只有这样才能厘清区域发展过程中的前因后果和优势不足，更好地对症下药、有的放矢。在区域建设和发展过程中，不同地区的资源禀赋、发展规划、经济重心都存在差异，但总是以历史为主线一脉相承的，具有明显的区域性和历史性特征。因此，在实施乡村振兴和城市可持续发展的过程中，首先，要了解该区域过去的发展举措、遗留问题、成功经验和失败教训，为更好地制订下一步行动计划提供参考和借鉴，避免盲目行动。其次，要对现有情况进行调查和研究，这既能够"承上"对接过去的发展基础和历史成绩，又能"启下"引领未来的发展规划和目标期待。最后，要对未来发展形势进行研判和规划，这需要在现有条件基础上进行审慎思考，决定着乡村振兴和城市可持续发展的具体走向和预期目标。从历史的角度出发推动乡村振兴和城市的可持续发展，能够更好地以史为鉴、因时制宜地进行统筹规划，避免与过去脱节、与现在脱离实际、与未来目标脱轨等情况发生，真正实现区域城乡一脉化发展。

### 四、将讲话、作文和做事一贯化思考

前面三条都是从宏观角度出发考虑乡村振兴和城市可持续发展的要求和举措，更加强调空间上的一域化、资源上的一体化和时间上的一脉化，而这一条将从微观角度出发进行思考，具体到每个个体的一贯化发展。无论是乡村振兴还是城市的可持续发展，最终落脚点都在人才素质的提升。只有全面提升上至领导干部、下至平民百姓的综合素质，乡村振兴和城市的可持续发展才有了人才支持和智力支撑的坚实基础。因此，在乡村振兴和城市可持续发展进程中，对人才的培养要强调全面发展，注重将其讲话、作文和做事进行一贯化考虑，具体来说，包括四层意思：其一，要培养人才实现讲话和作文一贯化发展，即"怎么想的怎么说"，这要求人才能够

做到表里如一，诚实地进行话语表达；其二，要培养人才实现讲话和做事一贯化发展，即"怎么说的怎么做"，这要求人才能够做到言行一致，严格履行自己的承诺；其三，要培养人才作文和做事一贯化发展，即"怎么想的怎么做"，这要求人才能够做到知行合一，实现理论和实践的相互促进；其四，要培养人才讲话、作文和做事的一贯化发展，即所想、所说、所做能够一以贯之，成为一个有思想、会表达、能做事的全面发展的人才。

卢作孚本人是一个具有深沉爱国情怀的人，其进行乡村建设的一大特色在于对人的"理想再造"，这种理想包括个人理想和团体理想。其中，个人理想指向自我实现，而团体理想指向共同发展，两者是相辅相成、相互促进的。在卢作孚看来，只有让乡村建设者对未来充满希望并具备坚定的理想信念，才能使乡村建设焕发内生动力。而在全社会大力推进乡村振兴和城市可持续发展的新时代，城乡融合发展离不开人才的高质量供给，人才的培养重在对其理想和情怀的培植，因此要更加注重立德树人。可以预想，唯有对国家发展、民族振兴和社会进步有担当、有责任心的人才，才能顾全国家大局和个人方面，在服务国家战略规划中爱岗敬业，在促进自身发展中一丝不苟。因此，借用卢作孚的话来说，乡村振兴和城市的可持续发展不缺人才，但是缺少受过训练的人才，缺少具备信念和情怀的人才。只有解决这一问题，才能真正地助力乡村振兴和城市的可持续发展。

# 第五章　陶行知乡村建设思想

2022年，《中共中央　国务院关于做好2022年全面推进乡村振兴重点工作的意见》中对全面推进乡村振兴进行了重点工作部署，"加强乡村振兴人才队伍建设"是35项重点任务之一，提出要通过落实高素质农民培育计划、乡村产业振兴带头人培育"头雁"项目、乡村振兴青春建功行动、乡村振兴巾帼行动等举措来开发乡村振兴人才资源。教育，尤其是职业教育如何在"加强乡村振兴人才队伍建设"中积极作为，无疑对职业教育工作者的智慧和格局提出了挑战，需要其在把握乡村振兴大局的基础上对接行业产业需求，培养适口对路的高素质技术技能人才。

陶行知是我国迄今为止被研究最多的对各级各类教育都有较大影响的一位教育家。他在风雨如晦的旧中国，以"武训"精神为支柱进行办学育才，以期救国于危难、救民于暴虐；他是教育理想国的天才描绘者、憧憬者、奋斗者，创构了生活教育理论；他是当时走出象牙塔的海归博士，以晓庄师范为阵地开展乡村建设，因其对中共主张的认同和对中共党员的任用，受到国民党政府的诘难和打击，终被列入暗杀名单。他不幸病逝后，中国共产党给予他"人民教育家"的高度评价。陶行知的教育思想不是狭义的学校教育思想，而是面向全民的，尤其是关注和重视乡村农民的大教育思想。研究陶行知在晓庄师范的乡村建设实践，对于职业教育服务脱贫攻坚成果巩固和乡村振兴战略实施，对更好地扎根中国大地办教育，对建构中国特色社会主义职业教育思想体系、实践体系具有重要的理论价值和实践启示。

# 第一节　陶行知的乡村教育思想和实践

## 一、"爱"的动力源泉

陶行知在《晓庄三岁警告同志书》中讲到：晓庄是从爱里产生出来的。从陶行知的这个演讲可以发现，"捧着一颗心来，不带半根草去"，这是晓庄的博爱精神。晓庄的使命就是以爱去帮助人类，"帮助中华民族中最多数而最不幸的农人"。

### （一）对国家的挚爱之情

陶行知具有强烈的爱国之心和报国之志，毕生都在努力探索教育救国和强国的道路。他在写给母亲的家书中曾发下宏愿，一年里不虚度一日，一日里不虚度一时，要把"这一年的生活，完全的献给国家，作为我父母送给国家的寿面，使得国家与我父母都是一样的长生不老"，立志要"于中国教育上做一件不可磨灭的事业"[1]。可以看出，陶行知的爱国并不是空洞华丽的简单说辞，而是从自身惜时奋进开始，以兴办教育为主要手段的实际行动。1927 年 3 月 15 日，晓庄师范开学典礼的最后一项议程是全体同唱《尽力中华歌》，歌词中讲到"都同气同声的同调同歌中华""看我们唤醒中华""发愤尽力中华""都振起精神来振兴中华"。这体现了陶行知不仅自己身体力行地挚爱着自己的国家，同时也将其作为一种教育主题在年轻一代中播撒爱国的种子，以对祖国真挚的爱为纽带将国人紧紧团结在一起。

### （二）对农民的挚爱之情

陶行知对乡村人民有着深深的挚爱之情。首先，陶行知对农民的挚爱之情体现在他的平民计划里。他提倡建设 100 万所学校，改造 100 万个乡村。他曾经做过一个宏伟的平民教育计划，计划用 10 年时间完成 2000 万人扫盲。其中，城乡扫盲人数比例由第一年农村占 10%，逐步发展为 18%、50%、70%，最后占到 100%[2]。其次，陶行知对农民的挚爱之情体现在他尊重农民的平等观念里。1927 年元旦，他写了一

---

1　刘锐 . 陶行知传 [ M ] . 北京：北京时代华文书局，2016：46.

2　刘锐 . 陶行知传 [ M ] . 北京：北京时代华文书局，2016：36-37.

篇题为《我们应当向谁拜年》的文章，倡导城里的人到乡下去拜年。在文章中，陶行知讲到我们充饥的油盐菜米、御寒的棉花丝绸、住房的木石砖瓦，都是从乡下来的，都是乡下人的血汗换来的，所以应当给乡下人拜年。他采用诘问的方式写道："我们今天不应该下乡拜年，下乡送礼，下乡报恩吗？我们今年不应该为乡下同胞做点事吗？我们今生不应当花点钱，尽点心，用点力，为乡下同胞减少些痛苦，增加些幸福吗？"[1] 在这里，陶行知讲到了"今天""今年""今生"，体现了陶行知对农民的挚爱不是应时、应景的表面形式，而是发自内心作为终生奋斗志向的人生境界。这里的"礼"包括一般意义的礼品，也包括发展乡村事业，更具体到了晓庄师范[2]。1927 年 2 月 5 日，晓庄师范举行奠基典礼，陶行知号召前来庆贺的城里人向乡下同胞拜年，得到积极响应，为乡下孩子带来了上百件玩具。最后，陶行知对农民的挚爱还体现在其倡导的要以乡下人为师的行动里。陶行知并不认为城里人、知识分子对农民的帮助只是单方面的"送"，而是礼尚往来、取长补短的相互为师。在 3 月 15 日的开学典礼上，陶行知告诫老师和同学：农友是朋友，有很多方面需要得到他们的帮助，要与农友做亲密的朋友以了解真实需求，提供更加具体全面的帮助；反过来，农友并非浅薄无知，对于农事方面比城里人懂的东西多，因此也要虚心向农友学习。在晓庄师范，陶行知发起了"会朋友去"的活动，要求无论是教师还是学生都要到附近的村庄了解村民的困难并提供帮助，每个人要与一两位农民成为亲密的朋友。他自己更是如此，附近几十里的村民都认识他，只要遇到他，老远就打招呼。他在与村民交往时，没有一丝一毫的看不起，总是采取能够让村民理解的方式进行交流沟通。

### （三）对教育的挚爱之情

陶行知一生践行着"人生为一大事来，做一大事去"的追求。对于他来说，这件大事就是教育，并且是"捧着一颗心来，不带半根草去"。陶行知的一生都在追求教育、践行教育的过程中，教育在开启民智上的重要作用使他更加坚定了对教育的信心。

1914 年，陶行知毕业于金陵大学，毕业论文是《共和精义》，论文专章论述了

---

1　陶行知.陶行知全集：第二卷［M］.长沙：湖南教育出版社，1984：7.

2　刘锐.陶行知传［M］.北京：北京时代华文书局，2016：46.

"共和与教育"并发表在《金陵光》杂志上，认为"教育是建设共和的重要手续"[1]。这时候，陶行知已经深刻认识到教育的重要性，并将教育置于争取民族共和的至高地位。

1915 年，陶行知在写给美国哥伦比亚大学师范学院教务长罗素的信中直言，要将教育事业作为自己毕生的事业。他在信中写道："我的毕生志愿是通过教育而非武力来创建一个民主国家""我坚信没有真正的公共教育就不可能有真正的共和""我毕生献身于教育行政的想法更为具体化了"[2]。后来，他拟撰写的博士论文题目是《中国教育哲学与新教育》（因资料难以获取没有完成，和陈鹤琴、胡适等一样毕业未获取学位）。虽然博士论文终未完成，但是从题目可以窥见陶行知已经在试图根据自己对教育的认识和思考进行实践，实实在在地激发教育对国家建设和民族团结的力量。

1917 年，陶行知从美国归来，受郭秉文邀请到南京高等师范学校任教，1918 年代理教育主任。这时，他提出要本着实用主义的方法改革教育的想法，倡导以教学法代替教授法。具体来说，就是教的法子要根据学的法子，教师要一面教一面学，第一流的教育家要有敢探未发明新理的创造精神和敢入未开化边疆的开辟精神。可见，在将教育理念应用到具体实践的过程中，陶行知根据现实情况进行了教学法的深入思考，体现了其对教育真切的挚爱之情。

1924 年，南京高等师范学校并入东南大学，陶行知担任教育科及教育系主任、教授，兼任中华教育改进社主任干事，后因难以兼顾，辞去东南大学工作，全身心投入中华教育改进社。与晏阳初等人发起成立了南京平民教育促进会，后扩大成立中华平民教育促进会总会。他做到了时时处处推行平民教育，倡导让识字的人教身边不识字的人识字，留下了在南京小乐意饭馆、安徽省教育厅、南京监狱、安庆栖霞寺、胡适和蒋梦麟家里等推广平民教育的趣闻。陶行知在开展平民教育的过程中，因为对国家、农民和教育富有挚爱之情，因此能够做到时时处处以教育平民为乐，以教育平民为毕生追求。

---

1　陶行知 . 陶行知全集：第一卷［M］. 长沙：湖南教育出版社，1984：44-47.

2　董宝良 . 陶行知教育论著选［M］. 北京：人民教育出版社，2011：8.

## 二、"行"的经典范例

陶行知乡村教育的经典性实践是创办晓庄师范。"晓庄"是一个地名，原本是"小庄"，在南京郊外燕子矶"老山"下。陶行知在这里创办试验乡村师范学校，在考察后将"老山"改为"劳山"，将"小庄"改为"晓庄"。其意味有二：一是"劳山"的"劳"，是"劳力""劳心"的"劳"，强调教育与生产劳动结合；二是"晓庄"的"晓"，是"破晓"的"晓"，意指从这里开始改变中国农村教育，改变乡村农民的生活，进而改变全国。

1926 年，陶行知筹划创办试验乡村师范学校，12 月 27 日发表文章阐释办学的宗旨、目标、课程、学生要求等，12 月 31 日江苏省教育厅复函同意设立。1927 年 1 月 1 日在南京安徽工学召开筹备会，决定了开学时间等事宜。1 月 10 日在报刊上刊载招生广告，2 月 10 日在上海功德林召开董事会，3 月 1 日发表考试报名通知（《告来本院应试的同志》），3 月 15 日举行开学典礼。1930 年 4 月 12 日，蒋介石授意查封晓庄师范。从首次开学典礼到被查封，历时 3 年零 1 个月。虽然办学时间不长，但其办学精神和办学理念影响久远。

### （一）"教与农携手"的行动策略

陶行知主张教育与农业要携手。他认为，当时乡村教育的问题是教人离开乡下往城里跑，究其根源在于教育与农业各行其是，彼此之间缺乏联络和联合，相互"不相闻问"。要想让乡村农业摆脱发展困境，让农民生活发生改观，首要工作是改变乡村教育。1921 年 12 月，陶行知陪同孟禄参加讨论会，他在会上提出设立师范学校要顾全农民子弟的想法。1924 年 7 月，陶行知同赵叔愚一道参观了南京燕子矶国民学校，对该校将教育与生产紧密对接的办学方式大为赞赏。同年 8 月 9 日，陶行知撰文祝贺农民联合会成立，提出了发展"教育的农业"和"农业的教育"的观点。1925 年 8 月，陶行知在一次学术会上阐释了教育对乡村生活改造的重要作用，主张乡村学校是乡村生活改造的中心，乡村教师是乡村生活改造的灵魂。1926 年 1 月，陶行知发表文章主张师范教育下乡，为农村培养留得住的有乡土情怀的教师。1926 年 10 月，陶行知通过其妹陶文浈给母亲做工作，将寿礼捐出举办乡村幼稚园。陶文浈受其影响也热爱乡村教育，在晓庄创办了农妇工学处，极大地改变了农民对女性接受教育的观念。陶行知"教与农携手"的观点是其爱教育与爱农民两种情怀的完美结合，使教育在发展中找到了适合生存的土壤，农民在生存中找到了可以借助的力量。

## （二）"光明全中国"的行动精神

陶行知是理想化、诗人化的教育家，为中国人民带来光明是他的奋斗目标。他在《破晓》一书的序言中讲道："在晓庄一切诗化：困难诗化，所以有趣；痛苦诗化，所以可乐；危险诗化，所以心安；生死关头诗化，所以无畏。这是建设的达观主义，也可以说是创造的乐天主义。"[1]这种将生活诗化的乐观主义行动精神，是陶行知实现"光明全中国"宏愿的重要精神支柱。陶行知亲自设计的晓庄师范校旗图案是：中心为一个小圆圈，圆圈的里面是一个"活"字，代表教学本质是培养生活力；圆圈的外面是一个等边三角形，表示教学方式是教学做合一；三角形的上面是一个"心"字，表示教学出发点是关心人民疾苦；左边是一支笔，右边是一把锄头，分别表示个体自我实现方式在于劳心和劳力；三角形的外面是一个放射光芒的大圆圈，四面是 100 个金色的星星，表示教学目标是建设 100 万所学校、改造 100 万个乡村，最终造就整个中国伟大的光明。校旗图案元素蕴含丰富的寓意，将教学本质、教学方式、教学出发点、个体自我实现和教学目标等教学要素综合于一体，是陶行知关于"光明全中国"行动精神的具体体现。

## （三）"教学做合一"的行动方法

陶行知在晓庄师范的教育实践，充分体现了他的包括"生活即教育""社会即学校""教学做合一""在劳力上劳心"等在内的生活教育理论。本着这样的教育理念，陶行知以"教学做合一"为主要教学方式建起了十分"特别"的晓庄师范。

首先，以"学"和"做"为入学考核方式。晓庄师范的入学考试分两天进行，第一天考学识，第二天考劳动。其中，知识考试分笔试和口试，包括国文写作、常识测试、演说与辩论等。国文写作的题目有二：（1）"孟子说，'劳心者治人，劳力者治于人'，这句话对吗？"（2）"有人说我们办乡村试验师范是行许行之道，对吗？"[2]演说题目的内容涉及社会、自然、家庭、时事、教育、乡村等方面。考试

---

1　储朝晖.陶行知画传［M］.成都：四川教育出版社，2012：116.

2　许行是《孟子》里的一个人物，他致力于研究神农学说，收有门徒几十人。孟子通过与许行的学生陈相的对话，说明"劳心者治人、劳力者治于人"的道理。陶行知命此考题，意在说明晓庄师范的做法不是许行的做法，是要在劳力上劳心。许行主义固然不可取，但实践出真知是永恒不变的道理。

方法很公平，题目标号张贴，考试在布袋中抽取标号竹牌，对号答题，准备5分钟、演说5分钟，考试时允许其他师生和村民旁听。劳动考试时间分上午和下午，上午是垦荒，下午是修路。这种入学考核方式将学生的学识与劳动并重，真正做到了全面性、综合性考核，表现了一种全面发展的人才观。

其次，师生共同修建校舍。开学典礼的会场是师生临时共同搭建帐篷、锯木下桩搭建讲台、向附近村民借来八仙桌和条凳布置的，整个过程都是就地取材、因地制宜。开学典礼后的第一要务不是上课，而是修建校舍，所以学校招考信息的开学时间写的是"开学即开工期"。在校舍建立之前，师生要么住帐篷，要么住农户。陶行知住农户家，旁边是一头大水牛，陶行知风趣地说自己与"牛大哥"同榻。晓庄师范在师生"滴自己的汗"建立之后，命名很是风趣、讲究，如厨房叫"食力厅"，厕所叫"黄金世界"，礼堂叫"犁宫"，图书馆叫"书呆子莫来馆"。从这种自力更生的动手实践中，既让师生参与劳动获得生活技能，又让师生在劳动中建立起亲密的情感联系，形成亦师亦友的平等师生关系。

再次，全部课程是生活。晓庄师范每天早上5点召开寅会，寅会由师生轮流主持，内容是各种报告、讨论和安排当天的学习和工作。寅会开始前唱校歌《锄头舞歌》。寅会结束后是早操，主要是武术或军事训练。之后是早餐，主要是咸菜和粥，所有人都围着桌子站着吃，陶行知的母亲到校长也是如此。上午的学习是读书，一部分时间阅读学校指定的内容，一部分时间阅读自己选择的内容。下午的学习是劳动，包括田间劳动和校内仪器制作、校外社会活动。晚上还要参加平民夜校活动和做笔记、写日记等。每周六下午或晚上是周会，总结本周的工作生活，安排下周事务。周会也是学术辩论会，议题由大家提出，写在陶行知放在办公室门前的笔记本上，主要是"人生问题"。晓庄师范中的课程安排是完全融入生活中的，无论是教师的"教"和"做"、学生的"学"和"做"，都是按照生活节奏和线索平铺展开的，使学生学到的都是实实在在的生活本领。

最后，互相为师和指导为先的教师观。在陶行知看来，一方面，教师的作用是指导，且必须能够像农民那样能吃苦。1927年3月15日，陶行知在晓庄师范开学典礼的演说中讲到，本校只有经验稍深或学问稍好的指导员而无教员。另一方面，他认为农妇、村妇、渔人、樵夫都可以做指导员，因为他们也有很多长处，是晓庄师范的学生所不及的，因此在教育教学和日常生活中要形成互相为师、能者为师的良好学风。对于教师队伍建设，陶行知一方面邀请好友和同学前来担任教师，另一方面通过宣传吸引志同道合者。对自愿前来的教师，陶行知一方面称道他们"发宏愿，放弃养尊处优，回到人间"的志向和行为，另一方面也给他们讲清楚在农村工作和生活的"苦处"，使他们能够有心理准备。

陶行知以生活教育理论为指导思想进行的晓庄师范教育实践，无论是从对学生的考核、校舍修建，还是对课程安排和教师队伍建设，都力求将"教学做合一"，体现了一种能者为师的教师观、虚心向学的学习观和动手实践的劳动观，是陶行知将"教学做合一"贯穿人才培养中的重要价值体现和原则遵循。

## 三、"道"的社会影响

### （一）对梁漱溟乡村建设的影响

梁漱溟是我国近代乡村建设的先驱，其思想集中体现于《乡村建设理论》著述中。他曾在广东、河南和山东从事过乡村建设，尤以在山东的乡村建设影响最大。梁漱溟曾经考察过陶行知创办的晓庄试验乡村师范学校。他认为晓庄师范有三点很合自己的想法：一是"有合于教育道理"；二是"有合于人生道理"；三是"注重农村问题"。他对陶行知的打破课程与生活、教师与学生、学校与社会的分离隔阂予以充分肯定。他认为这样至少有两种好处：一是能培养学生能力，使他们学到真学问，能够改变城市教育的那种师生分作两级、治者与被治者身份对立、学习与社会生活彼此脱离的弊病；二是使学生拥有正常合理的生活，即将生活平民化，改变城市教育中那种学生没有生活能力又不平民化，不能做事又要享受贵族生活的坏习惯[1]。梁漱溟在山东创办乡村建设研究院时，因为缺乏人手，就找到陶行知，希望从晓庄师范借调一部分人。陶行知给予积极支持，派送了杨效春、张宗麟、潘一尘等过去给予及时帮助。其中，杨效春于1931—1934年在梁漱溟的乡村建设研究院工作，成为邹平乡村建设的骨干人物，先后担任过研究院的导师和邹平地方的师范校长、教育科长等职；张宗麟于1935年到山东乡村建设研究院工作，以陶行知的生活教育思想，即"社会即学校""生活即教育""教学做合一"为指导，改革教育教学，宣传抗

---

1　白吉庵，李仲明.梁漱溟口述实录［M］.北京：团结出版社，2009：72.

日救国，培养一批走上抗日救亡革命道路的青年学生，产生了很大的社会影响[1]。可以看出，在梁漱溟和陶行知交往过程中，陶行知不仅以其生活教育理论对梁漱溟产生影响，更是在乡村建设人才上提供支持，体现了一种对梁漱溟至仁、至善、至道的思想启迪。

### （二）对浙江乡村师范教育的影响

1928 年 3 月底，蒋梦麟、沈定一到晓庄试验乡村师范学校参观，与陶行知商量在浙江创办乡村师范学校。同年 4 月 1 日，陶行知到浙江参加浙江设立乡村师范的筹备会，会议决定将创办浙江省立第一乡村师范学校事宜交由陶行知办理。同年 4 月 27 日再次召开筹备会，陶行知推举晓庄师范操震球任校长。之后，陶行知带领操震球等晓庄师范人员到杭州与蒋梦麟商讨招生、校舍修建、经费预算、教职工招募等事宜。1928 年 10 月 1 日，浙江省立第一乡村师范学校正式开学。陶行知创办浙江乡村师范学校，并不是兴之所至的突发奇想，也不是毫无原则的盲目行动，而是以其教育之"道"即生活教育的规律体系为指导和依托，以科学的教育之"道"影响教育实践的成功典范。

### （三）外国友人对陶行知教育精神的赞誉

1929 年 10 月 15 日，美国哥伦比亚大学师范学院克伯屈到晓庄试验乡村师范学校考察。克伯屈对陶行知创办的晓庄试验乡村师范学校及其践行的教育之"道"十分感叹，对晓庄的试验精神、为农民服务精神大加赞赏，称晓庄试验乡村师范学校是教育革命的策源地，评价晓庄试验乡村师范学校是他这几年天天所思而想看到的一个学校，还拍了影片带回美国。12 月 14 日，上海圣约翰大学授予陶行知开学博士荣誉学位，表彰他在教育革命和开学推广方面的成就[2]。陶行知的教育之"道"在国内外产生重大影响，是一位颇负盛誉的教育家。

---

1　成学炎，王照锋．梁漱溟：乡村建设运动的旗手 [ M ]．北京：人民日报出版社，2013：204.

2　储朝晖．陶行知画传 [ M ]．成都：四川教育出版社，2012：121.

## 第二节 陶行知乡村教育对职业教育服务乡村振兴的启示

### 一、农村即学校，但学校并非只是农村

遵循陶行知"社会即学校"的教育思想，在乡村振兴战略实施背景下，职业院校可以采取"到农村去"的策略开展农民职业教育，掀起职业教育下乡的热潮。具体来说，首先，到农村去办职业教育，可以以农村的院落为教室，以田间地头为实训基地。这样可以彻底摒弃"教室里种庄稼""黑板上开车床"的弊端，实现理论与实践深度融合教学，推动农民在做学合一的基础上实现知行合一，完善农民的知能结构。其次，到农村去办职业教育，不仅仅是送培训、送教材的一个"送"字所能包括的理念和行动，而是一种教育理念的转变、一种办学方向的坚持、一种办学宗旨的坚守。陶行知将农村教育的地位和价值定义为"立国之计"，他的乡村教育思想体现了对农民的爱、对农村的爱。因此，到农村去办职业教育，不应是做"官样文章"、耍花架子、搞政绩，而应是对乡村振兴的战略意义有深刻认知，对农民发展、生活品质改善有帮助和服务的真情实意。最后，到农村去办职业教育，学校的场域不能限于划定的"疆域"，而应是乡村与乡村、乡村与城镇之间的互相联动，线下与线上的互相联通，学生与教师的时空交互，由此形成有形中见无形、无形中见有形的多维立体空间学校。如为 A 村农民办的职业教育可以在 B 村进行，也可以在 C 城进行，还可以在"云上职业学校"进行。这样一方面可以实现对现有资源的聚优和合理利用，另一方面也能更好地兼顾农民的现实需求。

重庆工程职业技术学院通过建设乡村振兴学院，一方面面向农村培养高素质技术技能人才，另一方面走进农村开展"十百千万"的职业教育服务乡村振兴行动计划，体现了上述理念。该校发起与区县职业教育中心的紧密合作，每个职教中心与一个乡镇政府合作，建设一所面向新时代、培育新农民、发展新农业、建设新农村的新农学校。其中，乡镇领导为新农学校校长，乡镇相关工作人员为校长助理，村负责人为分校校长。重庆工程职业技术学院与合作的中职学校分别派出一定数量的培训

教师，开展"三个十"（10 名村干部乡村指导、10 名涉农企业发展指导、10 个农村院落整治指导）、"三个百"（100 名职教学生学困消解帮助、100 名留守农村老年人生活品质改善帮助、100 名外出务工农民工职业技能提升帮助）、"一个千"（1000 亩农作物改良指导）、"一个万"（10000 亩生态保护和旅游开发指导）。每增加一个合作单位即增加一个"十百千万"的行动组织，增加一番社会作为和服务乡村振兴的贡献。而"十百千万"的行动，有的在乡村，有的在乡镇；有的在中职学校，有的在高职学校；有的在工厂，有的在线上。怎样的条件、方式最适宜，就创造怎样的条件，采取怎样的方式，把职业教育办成了"活"教育，不仅是灵活、鲜活的教育，而且是具有生命、生机的教育，改变了"死"教育的弊端。

乡村振兴战略实施背景下的"农村即学校"是以陶行知的"社会即学校"为理论支撑的，这是由农村是社会一部分的内在溯源性所决定的，是陶行知"社会即学校"观念的具体化实践。从辩证的角度来说，坚持"农村即学校"的理念原则，能够保证以真实的活动场景为教学园地，保证农村职业教育的生动性和鲜活性；但是学校不只是农村，保证了教学方式、教学场域和教学内容的多样化和丰富性。

## 二、农村生活是课程，但课程并非只是农村生活

陶行知以农民"真正的需求"为出发点开办教育，从根本上把握教育与农民生活改善之间的内在联系。遵循陶行知"生活即教育"的教育思想，职业院校要精准对接农民现实需求开展职业教育，把职业教育的课程"农村化、农业化、农民化"，按照农村人如何生活、农村事如何开展、农作物如何种植的思路，进行职业教育课程的开发和改造，即遵循工作过程系统化课程开发路径。具体来说，就是对农民具体的工作过程进行解构，提取典型工作任务，在此基础上对工作任务进行教学化处理，以农民易于接受的知识内容组织方式呈现出来，形成序列化的课程体系和单元结构[1]。2022 年，中央一号文件是推进乡村振兴战略的重点任务安排，这是目前农村职业教育所要回应的重要方面，也是以农村生活为核心的职业教育课程的主要内容。主要包括粮食生产和重要农产品供给、耕地保护、农田建设、农业核心技术攻关、农机装备研发、设施农业发展、农业重大灾害预防、守住不发生规模性返贫底线、

---

1 吴硕.成果导向与工作过程系统化课程开发模式比较分析与融合应用[J].实验技术与管理，2021，38（10）：251-255.

推动农村一二三产业融合发展、促进农民就近就地就业创业、推进农业农村绿色发展、实施农村人居环境整治、推进数字乡村建设、创新农村精神文明建设、维护农村社会平安稳定，等等。

农村职业教育中坚持农村生活是课程的理念，首先，要确立正确的课程建设观。具体来说，在职业教育课程建设的过程中，将全部农村生活纳入职业教育课程体系要充分考虑农村生活的动态性和演变性，要顺应农村经济的发展开发符合现实需求的课程内容，只有这样才能更好地促进农民在农村实现更好的生活和发展。其次，要树立系统全面的人才培养观。农民职业教育的课程并非要限于农村生活，要充分考虑农民有走出农村、到城市和工厂就业的实际需要，开发二三产业、战略性新兴产业既现代服务业等方面的技能课程和创业课程，让不同发展意向的人才都能够实现个性化、全面化发展。再次，要确立科学合理的课程开发范式。在课程开发范式上，要遵循职业教育课程开发的基本规律，秉持工作过程导向的理念和方法，开发模块化课程体系，建构项目式课程内容，有效支撑"事是怎样做，课就怎样上"的教学要求。最后，要采取活泼生动的教学方式。在教学材料组织及表述语言方面，可以适当采用农民喜闻乐见、容易理解和领会的方式。陶行知提出"在劳力上劳心"的教育理念，在推行"手脑双挥"教学时编写了《手脑相长歌》："人生两个宝，双手与大脑。动手不动脑，饭也吃不饱。动脑不动手，快要被打倒。手脑都会用，才算大好佬。"[1]这种生动活泼的教学课程内容呈现方式往往更加易于被接受和记忆，也能从根本上调动农民学习的积极性。

### 三、农民是学生，但农民也可以是教师

陶行知在教育实践中创造了"小先生制"，提倡"即知即教"，著有系列论述小先生制的文章，出版有《怎样做小先生》一书。他在《小先生歌》中写道："我是小先生，这样指导学生，'学会了赶快去教人，教了又来做学生'。"[2]借鉴陶行知的实践经验，职业学校在服务乡村振兴战略过程中，无论是实施学历教育还是举办培训，都要建设一支专业化的师资队伍。教师队伍的结构不仅包括职业院校的教师，也包括城镇企业的师傅，但有一组成部分不可缺少，那就是农村里有一技之长

---

1　刘锐.陶行知传［M］.北京：北京时代华文书局，2016：66-67.

2　马能源.寓教于诗　教人求真：谈陶行知教育诗篇的思想建构［J］.职教通讯，1998（2）：45-46.

的农民。从客观角度来看，农民的农业生产经验丰富且具有很强的实践操作能力，即使知识素质结构可能不太完善，但其丰富的实践经验与能力足以支撑实践教学，可以为职业院校的教师和年轻农民传授一些经济实用的"土方法"。总的来说，乡村的振兴不仅要依靠政府相关部门给予政策和资源等方面的帮扶，更要通过开展职业教育实现乡村人才振兴，激发农村发展生生不息的内在力量，形成"外促＋内生"的双向动力模式。而在开展职业教育的过程中，不仅要将农民看作学生提升其职业生产方面的技术技能知识，更要秉持能者为师的理念对农村生产生活方面的知识多向农民请教。在这种灵活的亦师亦生的身份切换中不仅能够实现教学相长，而且能增强农民成为"土专家"的积极性和自信心。

实践中，不少职业学校探索实践了"乡村学徒制"，与现代乡村的家庭农场、农民专业合作社、农业产业化龙头企业等合作，建立学习基地，就地聘任"师傅"，基于实际生产活动开展教学。从农村的实际情况来看，农民在本乡本土发挥教师作用有限，要通过职业学校建立的乡村振兴学院等平台，实施跨区域教学和帮扶。农民"师傅"不仅能在乡村进行"做即是教"的教学，也可以应聘为职业学校的兼职教师，走进职业学校登台讲课。

从根本意义上来说，真正的乡村振兴是一种对广大农民自强不息精神的唤醒和自力更生能力的提升，物质环境的美化完善只是实现这一目标的手段和途径。因此，推进乡村振兴，不能停留在"等""靠""要"的消极阶段，必须通过开展职业教育赋予农民实实在在的生存本领，从"扶贫"向"扶智"进行过渡，避免"人亡政息"的弊端。陶行知被尊为"人民教育家"，最主要、最根本的原因在于他具有深厚的人民情怀，始终从广大人民的立场出发去思考问题，以"光明全中国"的宏愿为奋斗方向，并身体力行地探索"知"和"行"的科学道路。陶行知开展的乡村教育实践，不仅是实施乡村振兴战略可资借鉴的一种教育之"道"，更代表了一种爱人民、为了人民的博爱之"道"，时刻提醒乡村振兴的参与者要厚植"三农"情怀，为乡村建设带来实实在在的改变和影响。职业教育服务乡村振兴，党和国家的政策是重要的方向引领，近现代乡村建设先驱及知名教育家的乡村教育思想也是宝贵的精神财富，我们要努力去挖掘、传承和发展，跨越时空界限实现本土化乡村教育思想的当代价值重现。

# 第二篇　行是知之成

## ——重庆工程职业技术学院的创新实践

# 第六章 "三维"价值认知,提升优质校建设境界

改革开放以来,从整体上来说我国社会主义建设事业取得长足发展和全面进步,但在大环境裹挟下农村经济社会的发展并没有取得应有的成果。党的十八大将解决"三农"问题作为重点工程,而后农村发展得到前所未有的重视。在全面完成脱贫攻坚任务后,党和国家强力推进乡村振兴,意义重大深远。民族要复兴,乡村必振兴。服务乡村振兴,各行各业都肩负使命,职业教育使命重大,培养振兴乡村技术技能人才任重道远。教育部积极作为,联合相关部门出台推进职业教育"提质培优"的三年行动计划,在"计划"中提出推动建设100所"乡村振兴人才培养优质校",并与农业农村部联合开展遴选工作。这将以乡村振兴战略的实施为契机大大推动能够适应农业农村现代化建设的人才培养,最终以人才资本优势助推乡村振兴。但是乡村振兴人才培养优质校是一个新概念,建设乡村振兴人才培养优质校是一项新工作,如何开展建设工作,如何实现建设目标,需要加强研究,创新实践。

建设一批乡村振兴人才培养优质职业学校,对更好地服务乡村振兴战略实施,加快实现乡村人才振兴愿景具有重要意义。从全局和全面的境界与视角审视此项工作,虽然立足的是乡村振兴,但着眼的是民族复兴,牵引着伟大中国梦的实现,具有重要的基础性价值。没有乡村的全面振兴就不会有民族的复兴。在乡村振兴人才培养中,职业教育前景广阔,大有可为。

# 第一节 国家政策的"导引"

## 一、加快培育乡村人才

人才是一切事业发展的根基。乡村振兴也是一样，而且由于乡村人才的匮乏，这一问题显得尤为紧迫和重要。国家在推动职业教育改革的相关文件中强调职业教育在服务乡村振兴战略方面要积极作为，重点是为广大农村培养实用人才，这种实用人才一个时期称为新型职业农民，现在更加强调高素质农民。中共中央办公厅、国务院办公厅联合出台的《关于加快推进乡村人才振兴的意见》强调"乡村振兴，关键在人"，对加快培育"五种人才"作出了具体安排。这些人才涵盖农业生产经营、农村产业发展、乡村公共服务、乡村社会治理，以及农业农村科技方方面面，是助力乡村振兴的生力军。国家以政策为宏观导向进行的人才培育类型的规定，充分体现了乡村振兴战略实施对人才需求的迫切性，也彰显了学校在乡村振兴背景下进行自我发展和人才培养定位调整的重要性。与此相关的政策还有很多，都在积极引导各方主体加快培育乡村振兴人才，与此同时，乡村振兴人才培养优质校建设也被提上日程。

## 二、大力发展农村职业教育

在我国发布的关于职业教育发展和乡村振兴战略实施的相关文件中对发展农村职业教育提出了明确要求。《乡村振兴战略规划（2018—2022年）》对在农村地区面向广大劳动者开展职业学校教育和职业培训提出了明确指示，同时也对县级职教中心建设、人才培养模式、资助政策等方面作了具体要求，充分彰显了职业教育在乡村振兴战略实施中的重要性。学校的育人功能是经济功能发挥作用的前提。根据本地产业发展调整人才培养方案、专业设置和课程设置，体现人才培养的针对性。从本质上来说，实现人才就业结构和产业结构的同频共振是职业教育发挥作用的基础，这就需要一批优质校来清醒地审视产业需求和人才培养之间的融合点，找准关键，实现人才培养结构和质量的双向对接。教育部等部门《关于在院校实施"学历证书＋若干职业技能等级证书"制度试点方案》中明确将现代农业列为 20 个技能人才紧缺领域之一，可见农业领域的技能人才远远无法支撑乡村建设，无法满足乡村振兴对人才的旺盛需求。《教育部办公厅关于办好深度贫困地区职业教育助力脱贫攻坚的指导意见》中提出了 8 项建设任务，要求把职业学校办成农村技术培训与推广、人力资源开发和农村劳动力转移培训的重要基地，高等职业学校的扩招要向贫困地区倾斜。中共中央办公厅、国务院办公厅《关于加快推进乡村人才振兴的意见》明确提出"加快发展面向农村的职业教育"，通过加强农村职业学校的基础能力建设来提高职业教育的服务能力和服务水平。文件中还指出让有条件的高水平农业高职院校开展本科层次职业教育，进一步提升农业技能人才的技术含量和技能水平。同时，文件特别强调了实习实训基地建设的相关问题，将资源整合、政府支持和校企合作作为强化平台功能的重要举措。

### 三、建设乡村振兴人才培养优质校

《职业教育提质培优行动计划（2020—2023 年）》提出要"建设 100 所乡村振兴人才培养优质校"，旨在加大对农业农村振兴提供足够的紧缺急需人才供给，发挥好职业教育在服务乡村振兴战略中的重要作用。2020 年 11 月，农业农村部、教育部联合遴选 100 所乡村振兴人才培养优质校，组织开展推介工作，计划利用 5 年时间，培养 100 万名乡村振兴带头人。《关于推介乡村振兴人才培养优质校的通知》指出，乡村振兴人才培养优质校建设的出发点是要整合农村职业院校优质教育资源形成乡村振兴的人才聚力，通过"农村优质资源建设—农民学历教育开展—农校人才培养改革—优质人才培育"的基本逻辑链条来"以优促优"。

## 第二节 学术研究的"启示"

### 一、学校如何办

杨勇、康欢主张，在办学定位层面由"面向"向"契合"跃迁，从传统的面向社会经济发展转变为契合社会经济发展；在培养模式层面由合作向交融跃迁，从过去的合作式发展向新兴的交融式发展跃迁；在组织形态层面由学校向平台跃迁，跃迁为产教融合、校企合作的平台，跃迁为资源聚合的平台。进一步主张打造"职业学校＋行业企业＋乡村农舍"的"1+N"培育联合体。其中，"1"指居于核心地位的职业学校；"N"指相关行业企业与乡村农舍要素。通过"1"和"N"的联动合作，形成校企合作教育人、校乡共建养育人、企乡共生发展人的三维联动人才培育格局。同时还主张创设"项目＋行动＋创造"的联动育人载体。构建"学校＋田野＋庭院"的"1+N"联动育人空间，"1"是传统的学校空间，旨在培育学生的农业基础知识与技能；"N"是新兴的"田野空间""庭院空间"等，着重发展学生的农业实践能力[1]。瞿连贵、石伟平、李耀莲认为，可以通过探索区域性城乡两地职业教育的统筹发展机制，促进城乡两地职业院校实现深度融合发展[2]。城乡职业院校发挥各自资源优势，实现深度互动和资源共享，改变城乡职业院校各自招生、各自培养的分隔状态。他们还主张职业教育要跨区域统筹发展，促进东部地区和西部地区职业院校共建共享先进模式、先进经验和优质教育教学资源。

## 二、专业如何办

杨勇、康欢认为，职业教育要以乡村产业优化升级为旨趣，及时调整专业设置和课程。职业院校的专业结构，首先是要遵循市场发展规律，然后是要依据乡村产业升级的需求，及时、适时进行调整优化，增强针对性，发挥其推进乡村产业转型的作用。随着产业集群式发展，要推动专业群的建设。在信息化时代，要运用信息技术，对不同乡村的现实产业状态和融合取向开展系统分析，厘清其核心产业和衍生产业，在此基础上构建"1+N"专业集群。其中，"1"是以乡村支柱产业为参照设置与之相匹配的核心专业，"N"是以乡村其他或衍生的产业为参照设置与之相匹配的专业。这样的"1+N"模式充分体现了以现代农业全产业链发展为旨归形成专业人才培养链的过程[3]。瞿连贵、石伟平、李耀莲认为，乡村振兴战略背景下职业院校的人才培养要因地制宜、因时制宜地以专业建设为起点和重心，综合考量农村的

---

1　杨勇，康欢. 五维合一：职业教育助力乡村振兴的价值坐标［J］. 中国职业技术教育，2021（3）：54-60.

2　瞿连贵，石伟平，李耀莲. 乡村人才振兴视野下职业教育的功能定位及实践指向［J］. 中国职业技术教育，2021（6）：50-56.

3　杨勇，康欢. 五维合一：职业教育助力乡村振兴的价值坐标［J］. 中国职业技术教育，2021（3）：54-60.

发展需求。从普适意义上来说，与"乡村医生、乡村学前教育教师、新农商人才和新型职业农民"相关的专业[1]是职业院校服务乡村振兴人才培养进行专业建设的重中之重。乡村学前教育教师和乡村医生关乎乡村学前教育质量和乡村医疗卫生水平，这是增强乡村发展优势和吸引力的关键。目前，普遍存在好的医生和老师"招不进""留不住"，即使有留得住的医生、老师，他们往往又存在"医不好""教不好"的问题。要通过定向招录培养、定向乡村就业等方式解决。从乡村振兴的发展趋势来看，新农商人才将是乡村人才队伍的新生力量，加强这方面人才的培养是支撑产业兴旺的重要举措，是振兴乡村产业的必由之路。在培养人才时，不仅要让他们掌握一定的技术知识，还要培养他们的技术文化和技术伦理，使他们在应用先进技术提高生产效率的同时，更好地加强习近平生态文明思想和乡村优秀传统文化培育，促进其成为乡村生态的保护者、文化的传承者。

## 三、人才如何培养

不少学者对此展开研究，提出了诸多独到的主张。譬如，人才振兴是乡村振兴的重要支撑[2]。一方面，要着力振兴能够推动乡村振兴战略成功实施的专门型人才，"立足局外"对乡村振兴战略和农村发展作出客观科学的审视；另一方面，也要加大力度振兴农村本土人才，"深入其中"对家乡建设作出更加卓越的贡献[3]。曾欢、朱德全提出，职业教育要培育有农业情怀的"田秀才"、有文化自信的"乡村工匠"、有绿色发展理念的"土专家"、有乡土情结的"乡创客"和能全面振兴乡村的"双创新农人"。培育有农业情怀的"田秀才"旨在破解乡村农业生产功能消解的问题，培育有乡土情结的"乡创客"旨在破解乡村社会保障功能弱化的问题，培育有绿色发展理念的"土专家"旨在破解乡村生态保育功能虚化的问题，培育有文化自信的"乡村工匠"旨在破解乡村文化传承功能退化的问题，培育能全面振兴乡村的"双创新

---

1　瞿连贵，石伟平，李耀莲.乡村人才振兴视野下职业教育的功能定位及实践指向［J］.中国职业技术教育，2021（6）：50-56.

2　杨华.论以县域为基本单元的乡村振兴［J］.重庆社会科学，2019（6）：18-32.

3　杨华.论以县域为基本单元的乡村振兴［J］.重庆社会科学，2019（6）：18-32.

农人"旨在破解乡村发展中资源识别、功能甄别和功能协调方面的问题[1]。

### 四、培训如何开展

瞿连贵、石伟平、李耀莲主张，职业院校服务乡村振兴技能培训重点有二：一是面向乡村贫困群体非农职业技能储备培训，旨在满足其增收脱贫的需求。原因是目前的乡村，尤其是西部地区、民族地区的农村，农业生产效益很差，单纯从事农业生产还不能摆脱贫困和巩固脱贫攻坚的成果，要增收致富必须离开农村到城市从事非农工作。二是面向希望就地就近就业人群开展灵活的技能培训，满足其兼业就业的需要。原因主要是迫于照顾老人、子女上学等家庭负担，这些农民工多数是"80后""90后"，他们不能外出务工，希望采取农业与非农业相结合的就业方式，农忙时在家务农，也能照顾家庭，农闲时和子女寒暑假时在附近地区从事临时性工作。这样的群体多数是具有一定技术技能的"能工巧匠"，他们大多具有深厚的"农村情结"，自然会更加愿意以己之力助力乡村振兴。目前，乡村实用人才的培训主要集中于新型职业农民培训、农村劳动力转移技能培训、乡村工匠和文化能人提升培训，随着乡村振兴的不断推进，农村村组干部职业技能培训、乡村创业者培训等也日益迫切[2]。服务乡村振兴的培训不能以职业教育既定的模式开展，要积极构建诸如"学校＋基地＋产业＋农民"等一体化的联动模式，并依据不同乡村的地方产业特色和市场需求现状为农民打造针对性的培训方案[3]。

## 第三节　先进经验的"借鉴"

不少职业院校在服务乡村振兴方面进行了积极探索，做出了积极贡献。四川省巴中地区的南江县小河职业中学，在服务乡村振兴方面积累了宝贵办学经验，取得

1 曾欢，朱德全.新时代民族地区职业教育服务乡村人才振兴的逻辑向度［J］.民族教育研究，2021，32（1）：74-81.

2 瞿连贵，石伟平，李耀莲.乡村人才振兴视野下职业教育的功能定位及实践指向［J］.中国职业技术教育，2021（6）：50-56.

3 杨勇，康欢.五维合一：职业教育助力乡村振兴的价值坐标［J］.中国职业技术教育，2021（3）：54-60.

了突出的社会效应，发挥了较大的辐射作用，得到四川省委组织部等部门的推介推广和表彰奖励。他们的做法是，政府、行业、企业和学校联动发展，推进村政学院建设，培养乡村振兴引领人才，夯实基层队伍；推进巴山土鸡研究院建设，加强农民技能培训，推动乡村产业发展。其中，村政学院于 2021 年 2 月获全国脱贫攻坚先进集体，主要事迹是培养本土人才，打造"永不走"的脱贫攻坚"带头人"。广东省韶关市乳源县中等职业技术学校为服务乡村文化振兴，成立瑶族文化传承教研室（瑶修室），重点打造"瑶族刺绣"和"瑶族歌舞"两个文化品牌项目，支持乡村艺术节和民间艺人立足乡村开展文艺创造和文化活动 [1]。重庆三峡职业学院探索贫困村"职教扶智 + 产业帮扶"有效模式，开展送科技下地、送教师入户、送文化进村等活动，在践行党建扶贫、实施农村和学校对接、培育体面村民、激发内生动力和扶助产业振兴等方面作出了积极贡献 [2]。咸宁职业技术学院实施"一村多名大学生计划"，学校的培养目标主要是电子商务企业伙伴、农村基层组织的继承人和减轻贫困与繁荣的领导人，通过几年的实践，培育了一批两级村委委员和农村专业合作社、龙头企业的法定代表人 [3]。衡水科技工程学校组建科技下乡服务团队，2020 年，深入 4 个县、15 个乡镇，为 2000 多名农民开展科技培训、进村文化宣传和组织参观学习，有效地促进了农民整体素质提升，其服务团队的成员包括省级新型职业农民培训专家库专家，但更多的是学校涉农专业高级讲师 [4]。重庆市彭水职业教育中心秉承立足苗乡、培育工匠幼苗的办学和育人理念，从传承民间工艺苗绣着手，助力地方特色产业发展，产生了良好的育人成效和服务地方特色产业发展经济效应。笔者深入重庆市经贸中专学校调研发现，该校通过建立的"一集团、两基地、两中心"，搭建了乡村振兴人才培养教学实训、培训鉴定、科技服务、信息咨询、资源共享五大平台，

1 印罗观，刘会平 . 乡村振兴背景下广东省农村职业教育现状调查及发展路径 [ J ] . 教育与职业，2021（6）：89-93.

2 赵福奎 . 贫困村"职教扶智 + 产业帮扶"探索：重庆三峡职业学院帮扶工作实践 [ J ] . 重庆行政（公共论坛），2018，19（3）：110-111.

3 饶雄兵 . 乡村振兴视域下地方高职院校人才培养模式探索与实践：以咸宁职业技术学院"一村多名大学生计划"为例 [ J ] . 湖北开放职业学院学报，2021，34（6）：50-51.

4 武爱兵，王迎新，孙全利，等 . 职业院校助力乡村振兴战略服务模式初探 [ J ] . 山西农经，2021（3）：22-23.

以项目化、契约化、市场化的方式，实施现代农业技术、农合组织发展、精准扶贫等培训项目，产生了良好的社会效益。笔者所在学校通过建立刘人怀院士工作站，组建专职科研团队，开展餐厨垃圾环保处理，服务乡村振兴，取得了突出的社会效益。这方面的典型学校及经验很多，因各地乡村情况不一，需求不一，其他学校不能照搬和复制，但教学理念相通，值得借鉴。

# 第七章 "五促"路径建构，增强优质校建设实效

乡村振兴人才培养优质学校建设的目标，是要建成一批育人理念先进、专业特色鲜明、培养模式先进、师资队伍健全和培训资源丰富的学校，加快培养数量充足、素质优良，适应农业农村现代化，适合农民发展需要的乡村人才队伍。因此，推动乡村振兴人才培养优质校建设可从以下五个方面着手。

## 第一节 促进育人理念转变：站位要"高"

乡村振兴人才培养优质校应是"育人理念先进"的学校。从总体上讲，要以加强党的全面领导为保障，以坚持正确办学方向为抓手，在国家政策的顶层设计和宏观引导下推进优质校建设。具体来说，其一，乡村振兴的需求不仅决定着学校人才培养的规格，也在某种程度上影响着人才培养的目标；其二，乡村振兴战略的实施离不开当地支柱产业的支撑，同时也对人才培养中的组织实施开展产生重要影响；其三，关于人才培养形式则要立足农村特色条件和学生发展规律进行因材施教；其四，"以文化人"始终是人才培养的不变法则，扎根农村当地文化进行教育是体现中国传统文化魅力和吸引力的关键一步。

### 一、保证正确政治方向

习近平新时代中国特色社会主义思想是指导转变育人理念的重要法宝，要深化认知和积极践行，在具体的人才培养中，要切实推动"三进"，即进教材、进课堂、进头脑。把习近平总书记关于乡村振兴的系列重要论述和关于农业、农村、农民工

作的重要指示融入思政课教学和课程思政中，重视优秀传统文化教育，促进学生"三农"情怀发展和认知深化，从热爱自己的农村家乡到有志于为乡村振兴，为中国梦的实现，为中华民族伟大复兴的到来作出积极贡献。

## 二、研制科学培养方案

教育部对职业院校人才培养方案的编制提出了具体要求。谭绍华认为，人才培养方案编制要做到"五个要"，包括概念认知要清晰、制订程序要规范、内容要素要完整、方案实施要到位和监督机制要健全[1]。从人才培养方案的构成要素讲，首先应当明晰人才培养的面向，包括对应的行业、职业、岗位。在此基础上，要对典型工作任务进行解构分析，厘清具体任务所对应的知识、素质和技能要素。乡村振兴人才培养优质学校一定要按照规范的程序研制面向乡村相关行业、职业和岗位的人才培养方案。在做调研时，一定要走进乡村、走进乡村产业、走进乡村产业的从业人员，获得一手的真实信息。

## 三、探索实践耕读教育

耕读教育古已有之，是教育的原初形态，是与生产劳动完全一体的教育。目前，有关耕读教育的价值认知主要在劳动教育方面，其人群面向包括小学生。本研究从职业教育的视角看，耕读教育是产教融合的原初形式和形态，是切合乡村从业人员终身学习的有效方式。乡村振兴人才培养优质校要努力探索当代社会耕读教育的有效运行机制和教育教学实施的有效模式。既要用好校内的教育阵地，又要拓展社会教育阵地，还要创构网络教育阵地。要努力探索既"助耕"又"助读"的办学育人新模式。近年来，重庆工程职业技术学院把思政课办到农村院坝，把实用技术送到田间地头，把乡村振兴学院办到村社，为农舍绘制文化墙，产生了良好的"助耕"与"助读"成效。

---

1 谭绍华.专业人才培养方案是提高育人质量的基础［J］.江苏教育，2020（92）：1.

# 第二节 促进特色专业建设：面向要"农"

乡村振兴人才培养优质校应是"专业特色鲜明"的学校。从总体上来讲，要按照乡村振兴战略的五个总要求进行具体的专业建设，培养能够引领和推动农业现代化发展的高水平人才。具体来讲，一是在深入调研学校和区域发展现状的基础上设置相应的专业；二是在教育部规定的专业目录内设置专业，在此前提下，学校可根据办学优势条件、人才培养面向自主开设专业方向；三是专业建设必须体现"三个趋势"，也就是新成果新技术应用趋势，新产业新业态融合趋势，以及现代农业发展趋势。

## 一、推进专业对接实际

黄炎培先生是我国近现代职业教育的奠基者。他认为，职业学校的专业设置要依据地方实际，必须考虑城市与农村不同，此农村和彼农村不同，此城市与彼城市不同。如果专业设置不合理，就会影响学生的出路[1]。黄炎培还强调，要"把教育和实业连为一体"，在解决人的生计的同时，要发展地方产业[2]。应当说，黄炎培的这些思想和现在的产教融合要求是完全相通的。现在的问题是，教育很难对接到农村的"产"。专业设置的底线要求是适应产业发展，理想状态是引领产业发展。在农业产业发展落后的背景下，谋划乡村振兴人才培养，更多的是要求走前瞻和引领之路。要形成从中职到专科高职、从专科高职到本科职业教育的乡村振兴人才培养体系，处于不同层次的职业院校要找准人才培养的位置。一般而言，可以考虑开设乡村种养、乡村电商、乡村建工、乡村医生、乡村幼师、乡村旅游、乡村加工和乡村营销等专业。

---

1 黄炎培．黄炎培教育文集：第三卷［M］．北京：中国文史出版社，1994.

2 黄炎培．黄炎培教育文集：第三卷［M］．北京：中国文史出版社，1994.

## 二、提升专业建设水平

黄炎培认为，职业学校各项教学活动的开展和决策要广纳意见，不可专权独断。他指出，职业学校开设什么样的科目，要听取职业界人士的意见，开设什么样的课程，使用什么样的教材，也要听取职业界的意见，如何训练学生，还是要听取职业界的意见，看看职业界的做法和习惯[1]。专业建设的水平既要体现在特色上，又要体现在质量上，总的来说要把握农业现代化的发展趋势。进一步讲，专业建设的水平，要体现在建设理念、人才培养模式、课程体系、师资队伍、实训条件和毕业生质量等方面。要不断推动专业建设实现路径优化、过程程序化和质量标准化。要以常态化的诊断与改进，不断提升专业建设的质量水平，增强服务乡村振兴的能力。

## 三、带动特色产业发展

特色产业的发展离不开具有该方面技术技能的人才支撑，而特色专业的开办将为其培养大量可用于生产创造的人才，最终特色产业的发展将拉动整个产业链的发展。2021年，习近平总书记考察调研了柳州螺蛳粉生产集聚区。螺蛳粉是特色产业，日产150万袋，创造了30多万个就业岗位，带动贫困户5000多户，其中包含了大量的职业技能培训和家庭农场主、农民合作社经营管理等职业教育的贡献。

# 第三节　促进培养模式创新：质量要"优"

乡村振兴人才培养优质校应是"培养模式创新"的学校。总的来说，能够服务农村发展的高素质农民的培养必须实事求是，通过综合考虑农村产业发展和人才成长规律两个要素来制订人才培养方案。具体来说，一是培养内容的确定要坚持"实效性"的原则，既要满足农村本地产业的发展助推乡村振兴，也要满足农民未来就业的需求，增强农民对职业教育的"信心"和"满意度"。推行"1+X"证书制度，将职业技能等级标准有关内容及要求融入专业课程教学，实现课程和证书融合融通。

---

1　黄炎培.黄炎培教育文集：第二卷［M］.北京：中国义史出版社，1994.

二是培养形式要破解"工学矛盾"，满足农民一边求学、一边生产的现实要求，实施集中与分散相结合、农忙停学与农闲复学相结合，运用信息技术组织开展远程线上教学。

## 一、优化课程设置

课程设置的基本逻辑有两点：一是促进"成人"的文化与素养教育课程设置；二是促进"做事"的工作任务与技能训练课程设置。也就是教育不仅要教人"处事"，更要教人"为人"。这是根本的立德树人任务，要通过课程设置强化落实。前一类课程一般称为公共基础课程，后一类课程一般称为专业技能课程。公共基础课程涵盖德智体美劳各个方面，特别要强化专门的思想政治教育课程的设置和其他课程的课程思政。专业技能课程在体现技术性的同时，也要强化课程思政。作为乡村振兴人才培养的课程思政，要突出习近平总书记关于乡村振兴和"三农"的思想。从课程的结构讲，前一类课程一般称为平台课程，这个平台不仅要夯实，还要根据学校的层次进行拓宽和升级。后一类课程一般称为模块化课程，并非一门课程一个模块，而是一个模块包括多门课程。比如，专业方向模块包括 3～5 门课程，专业拓展模块包括 3～5 门课程，技能等级证书模块包括 2～4 门证书课程。除此之外，还可设置兴趣特长模块，也包括若干课程。一旦课程体系建构完成，要着力课程标准研制和基于课程标准的教学材料、教学资源建设。要努力建成一批满足线上教学的数字化课程教学资源和实践性教学的实训实习资源。

## 二、创新教学实践

教学实践不仅包括教学的组织形式、教学模式，还包括教学的方式、方法、技术和策略等。要积极推行理实一体化教学、项目式教学、任务驱动式教学，按照"教学做合一"的理念，努力建构适合教学对象身心实际的教学组织形式、方式和方法。从具体教学运行来看，可以采取做好动员、做好诊断、做好训练、做好鉴定和做好反思五个环节进行，在训练环节，可以采取任务、行动、展示、评价四个步骤进行[1]，笔者将此表述为"五环四步"教学，在《国家中职示范校建设学校推进策略》

---

1 唐波."五环四步"教学模式建构与实践［J］.西南师范大学学报（自然科学版），2014，39（8）：145-148.

一书中作了专章介绍[1]。在重庆市有不少职业学校的教师采用这种教学模式，取得了良好的教学成效。其他省市也有推广应用，如南宁市卫生学校李夏老师在中职口腔临床护理教学中进行了运用[2]。在信息化时代，要通过组建教师教学创新团队，常态化进行集体备课和教改研究，推进教学模式与方法的创新建构和推广应用。

## 第四节　促进师资队伍建设：素质要"红"

乡村振兴人才培养优质校应是"师资队伍健全"的学校。从总体上讲，要建设一支数量充足、素质优良的专兼职教师队伍。具体来讲，一是保证师生比科学合理，即"双师型"教师数量要与学生培养规模相适应；二是建设一支熟悉农村，懂得农业，对农民有深情厚谊，既有现代农业专业知识，又有丰富生产实践经验的兼职教师队伍。

### 一、培育"四有"好老师和"红色"教育家

习近平总书记对各级各类教育教师提出了"四有"殷切期盼和要求。教师的"四有"，一方面要通过政治学习进行培育，促进教师自觉担当培育民族复兴大任接班人的使命；另一方面要为教师树立学习榜样，从教育家的著述和传记中汲取发展的思想营养和精神动力。遵循坚持扎根中国大地办教育的要求，积极引导教师学习新中国成立以来为党的教育事业作出卓越贡献的教育家。譬如《中国教育报》2021年4月4日第二版宣传的吴玉章、林伯渠、钱亦石、陈塑道、成仿吾、谢觉哉、李四光、竺可桢、恽代英、蒋南翔等。他们是富有教育情怀的优秀共产党人，是红色教育家。

### 二、建设一支培育乡村工匠的"双师型"教师队伍

"双师型"教师队伍的建设不仅是职业教育事业发展的需要，更是开展乡村振兴人才培养的需要。过去强调培养"双师型"教师，基本没有考虑农业农村人才培

---

1　杨宗武，谭绍华，姜伯成，等. 国家中职示范学校建设学校推进策略研究[M]. 成都：西南财经大学出版社，2013.

2　李夏."五环四步"能力本位教学模式在中职口腔临床护理教学中的探析[J].卫生职业教育，2021，39(5)：46-47.

养方面，面向二、三产业的专业教师居多，所以各个学校基本没有储备。"双师型"教师不仅能"教学"，还能"教做"。可以认为，"双师型"教师是知行合一的教师、理实一体的教师。进一步讲，国家倡导职业教育教师发展成为"工匠之师"，这是对教师专业知识、技术技能和精神修炼的更高要求。"双师型"教师培育的方向目标是"工匠之师"，更高的要求是"大国工匠之师"。要促进教师参加继续教育和各种技能培训，养成终身学习的良好品质；要推动教师积极参加企业实践锻炼和考察学习，增进他们对职业的理解与认知；要引导教师洞悉农业行业、产业发展新趋势，及时吸纳新知识、新技术和新工艺，并在教育教学中有机融入。涉农专业教师特别需要在研究农业、研究农村、研究农民方面下功夫，成为爱农、知农、懂农的乡村振兴人才培养优秀教师，他们的专业理念、专业知识和专业能力要"农味十足""村味芬芳"。

# 第五节　促进培训资源建设：机制要"活"

乡村振兴人才培养优质校应注重教学资源的开发，成为"培训资源丰富"的学校。实训实习基地是当下承载培训资源的主要平台。从总体上来讲，通过建设能够促进产教深度融合的实习实训基地，从真正意义上实现与生产实践相结合。具体来讲，可以依托农村当地龙头产业来整合乡村振兴人才培养社会资源，采取灵活的机制和集成的理念，建设多功能实训实习基地，充分满足职业院校在进行乡村振兴人才培养培训时的实践教学需要、技术技能积累与展示需要，以及创新创业人才孵化的需要。

在建设生产性实训实习基地等培训资源方面，不少学校进行了积极探索，积累了宝贵的可资借鉴的经验。笔者从重庆市经贸中专学校了解到，该校在重庆市永川区来苏镇流转土地 400 亩，建成了农科教结合的生态农业产业园，并配套了 2000 多万元教学实训设备和优质教学团队，实施情景式、实体化和项目化教学培训，该基地已成为国家级农业产业化培训基地、科技特派员创业培训基地。该案例获重庆市教科院 2020 年评选的中职教育改革典型案例。笔者从重庆三峡医药高等专科学校了解到，该校在实施乡村医生培养中，推进了中医药科技创新平台、中医药技术服务平台建设，建成了三峡中药种植与加工应用技术协同创新中心、三峡中医药技术研发中心、三峡天然药物抗肿瘤工程技术中心 3 个中医药科技协同创新平台，政校企协同开展科技创新；建成了三峡中药科技馆 3 个三峡中医药区域性公共服务平台、三峡中药种植与加工等 3 个市级应用技术推广中心，政校企协同开展技术服务，实现了专业反哺产业发展和中医药教育扶贫。

乡村振兴人才培养优质校建设关乎乡村振兴战略的实施成效，而乡村振兴战略的实施成效关乎中华民族伟大复兴的实现。职业院校要在全面加强党的领导的前提下，依靠政府的统筹推动，依靠相关行业组织的指导，联系联合相关企业，积极发挥主观能动作用，创造性开展建设工作。政府要在营造良好政策环境、文化环境和舆论环境上下功夫，学校要在确立正确办学理念、育人理念、社会贡献理念、举办特色专业、创新培养模式、建设优良教师队伍和建设优质培训资源等方面下功夫，而农业行业企业要在推动农业现代化，提供农业发展新需求、新技术、新工艺、新职业、新岗位等方面下功夫，多方联动，共同发力，努力形成乡村振兴人才培养的新格局，为乡村振兴的全面推进提供高品质的职业教育服务和多样化的农业农村人才支撑。

# 第八章 重庆工程职业技术学院新农学校建设与驻村干部感言

农业是国民经济的基础，农业稳则国家稳，农业兴则国家兴。推进乡村振兴，就要深化农业供给侧结构性改革，构建现代农业产业体系、生产体系、经营体系，激活农村各类生产要素，增强我国农业创新力和竞争力，推进农业农村现代化。重庆工程职业技术学院充分发挥职业教育在乡村振兴中的积极作用，通过课题研究、社会实践、校企合作、干部驻村、成立乡村振兴学院、建设新农学校等多种形式推进产教融合，积极发挥职业教育优势，深化产教融合、校企合作，推进人才培养、实习就业、科研创新、产业发展等方面深度合作，促进教育链、产业链、人才链和创新链有机融合，为乡村振兴赋能，在乡村振兴战略实施和区域经济发展中为乡村振兴贡献职教力量。

建设新农学校是职业教育助力乡村振兴的重要举措，是"面向新农村、培育新农民、发展新农业、建设新农村"的农村成人职业教育和培训形式。建设新农学校将充分发挥职业教育在服务"三农"发展中的独特优势，有效破解当前乡村振兴工作在人才培养、队伍建设、科技转化、产业升级和生态治理等方面的难点和堵点，成为江津区乡村振兴建设的重要助推器。

## 第一节 重庆工程职业技术学院新农学校建设

农业强则中国强，农村美则中国美，农民富则中国富。重庆工程职业技术学院秉承黄炎培大职业教育思想，借鉴中华职业教育社 20 世纪初"乡村改进"实践经验，与重庆市中华职业教育社、部分区县职业教育中心和乡镇人民政府共同建设了一批服务乡村振兴新农学校，按照"十百千万"行动路径开展服务活动，取得突出成效，产生广泛影响。

## 一、使命担当与问题针对

党和国家高度重视乡村振兴。习近平总书记强调乡村振兴关乎中华民族伟大复兴。学校自党的十八大提出乡村振兴战略以来，积极作为，创新施策。2020年5月18日与江津区中华职业教育社联合建立了重庆市首个乡村振兴学院，开展了院落彩绘、青果购计划等大量卓有成效的工作。2021年12月24日，中国职业技术教育学会成立乡村振兴与城市可持续发展工作委员会，学校成为秘书处单位。为发挥辐射带动作用，在深刻领会习近平总书记关于乡村振兴的系列重要论述精神，深度挖掘黄炎培、梁漱溟、晏阳初、卢作孚等我国近现代乡村建设先驱乡村建设实践经验的基础上，针对职业院校服务乡村振兴缺乏有效载体、行动路径和资源整合不够等问题，建构了新农学校服务载体、"十百千万"行动路径和"四方共建"的资源整合机制，开启了服务乡村振兴的新征程。

## 二、载体夯筑、路径建构与共建机制

一是建构新农学校服务载体。新农学校是面向新时代、培育新农民、发展新农业、建设新农村的新型农村成人职业教育和继续教育学校的简称。一是新在面向新时代，坚持以习近平新时代中国特色社会主义思想为指导；二是新在培育新农民，以社会主义核心价值观教育引导农民；三是新在发展新农业，推动农村产业转型升级；四是新在建设新农村，保护生态环境，传承农耕文化，助力农业现代化；五是新在学校新形态，教学环境可以是乡村田间地头、院坝堂屋，也可以是区县职业教育中心的教室、实训基地，还可以是城市工厂的车间，教学方式线上与线下结合。乡镇领导是校长，政教合一、富教合一，乡村振兴和职业教育高质量发展融合共生，开创农村成人职业教育和继续教育新局面。

目前，在重庆市城口县建设5所、黔江区建设4所、江津区建设3所、奉节县建设2所，在万州区、开州区、北碚区、永川区、巫溪县、巫山县、云阳县分别建设1所新农学校，共21所。

重庆工程职业技术学院建立新农学校建设管理协调办公室，负责及时收集、分析各新农学校需求，根据实际情况，或指导区县职业教育中心开展相关培训，或集中村民到学院培训，或派出教师赴乡村培训，或委托其他省市职业院校培训外出务工农民工。

新农学校建设管理协调办公室与学校乡村振兴学院在工作上既相互关联，又各自独立运行。新农学校以技术技能培训为主，乡村振兴学院以专业人才培养为主。新农学校相关培训由乡村振兴学院组织实施，乡村振兴学院相关工作通过新农学校传递到乡村。

二是开辟"十百千万"行动路径。路径开辟的基本理念是由人及事与物。坚持以人为核心，在启人智、振人志上下功夫，基于人的全面发展，实现乡村事的兴盛、物的创化。具体工作包括：三个"十"、三个"百"、一个"千"和一个"万"。三个"十"指帮助10名左右乡村干部能力提升、10家左右涉农企业发展、10个左右农村院落整治；三个"百"指帮助100名左右职教学生学习困难消解、100名左右外出务工农民工技术技能水平提升、100名左右农村老年人生活品质改善；一个"千"指1000亩左右农作物改良；一个"万"指10000亩生态保护和文旅产业开发。

在具体实施中，分类登记造册，建立电子档案，开发互动平台，强化过程监控，开展常态化工作诊断与改进，不断优化完善。

秉承能者为师理念，建立服务团队，根据服务需要，聘请高校教师、企业技师，以及农村能工巧匠、绝技绝艺传人、种养殖大户技术能手担任指导教师。

三是强化"四方共建"主体责任。重庆市中华职业教育社在新农学校建设中发挥指导作用，面向全体社员单位组建了服务乡村振兴专家智库，通过统战系统开发职业教育服务乡村振兴资源。中华职业教育社是我国成立最早的职业教育社团，对我国职业教育发展作出了卓越的历史贡献。2017年，在中华职业教育社立社100周年时，习近平总书记致信祝贺，给予充分肯定。中华职业教育社在20世纪初，曾在上海徐公桥、江苏昆山等地开展乡村改进，提出了"富教合一"的乡村建设理念。新《职业教育法》赋予了中华职业教育社实施职业教育的义务。

重庆工程职业技术学院在新农学校建设中发挥政策与理论研究、需求分析与组织实施、经验总结与扩域推广等作用。学院是国家优质高职、示范高职和"双高"项目学校，在全国具有重要地位和影响。高度重视服务乡村振兴工作，通过与重庆市中华职业教育社共建的黄炎培职业教育研究院，积极开展相关研究工作，建构的新农学校模式在中文核心期刊《教育与职业》上发表。

区县职业教育中心在新农学校建设中发挥承上启下作用，上对接重庆工程职业技术学院，下对接相关乡镇人民政府，一方面随时掌握乡村需求，另一方面在能力和资源可及的范围内实施相关服务工作。

乡镇人民政府在新农学校建设中发挥承载作用，政府相关领导为校长，通过村社负责人开展需求调研，采取多种方式向新农学校建设管理协调办公室传递需求信息，并为区（县）职业教育中心和重庆工程职业技术学院开展相关工作提供支持。加强党的领导，各乡镇新农学校在乡镇党委领导下开展工作。

### 三、"三农"振兴与学校发展融合共进

一是培育新农民取得突出成效。推动重庆市江津区江南职业中学与企业共建占地面积 1000 亩的综合性涉农培训基地；与村社（居）共建 32 个农技培训基地、69 个科普示范基地、12 个转移就业技能培训基地。通过各种基地开展培训活动，52000 多名学员回乡从事种养殖业增收致富，9412 户 29652 人脱贫。

二是发展新农业取得突出成效。助力重庆市江津区形成粮油、花椒、水果、畜禽、水产、中药材等八大类富硒产业，富硒产业产值突破 100 亿元。全区花椒种植 56 万亩，花椒单产提高至 800～1500 斤，鲜花椒总产值超 32.5 亿元，占据了全国 70% 的青花椒份额，成为"中国花椒之乡""中国生态硒城"。

三是建设新农村取得突出成效。重庆市城口县双河乡余坪村位于国家级地质公园八台山和九重山之间。村内有瓦房子红军遗址等丰富的红色资源和茂密森林绿色资源。投资约 8000 万元建成了占地面积 2000 亩的"中国北温带苗木种源基地"。九重花岭更是成为避暑纳凉、赏花观景的绝佳之选。

四是学校在服务中实现新发展。职业院校服务乡村振兴不仅仅是单方面付出，而是在服务中实现共生共长、融合发展。重庆工程职业技术学院得益于服务乡村振兴等国家重大战略，实现了学校存在的价值，得到了各级党委政府和社会组织的认可。学校获黄炎培职业教育奖优秀学校奖。人才培养质量不断提升，2021 年学生参加全国职业技能大赛，总成绩全国第一。与学校合作的 10 个区县职业教育中心，有 9 个

成为市级"双优"中职学校建设单位。

　　四方共建新农学校开展"十百千万"乡村振兴服务行动的理念、路径和机制，成为可复制的基本范式，具有广泛推广价值。但需要久久为功，方显社会价值。不能止步于建构和挂牌，也不能一蹴而就，需要长期坚定信念、坚持作为、坚守阵地。职业教育服务乡村振兴当有作为、大有作为，新农学校定有作为。

# 第二节　重庆工程职业技术学院驻村书记感言

　　民族要复兴，乡村必振兴。自2019年开始，学校坚持以习近平新时代中国特色社会主义思想为指导，深刻领会党和国家关于实施乡村振兴战略的政策要求，站在实现中华民族伟大复兴中国梦的高度，对接国家实施乡村振兴战略的需要，坚持每年选派4名处级干部进行驻村，已累计派出9名干部在云阳县栖霞镇吉平村、巫溪县天元乡象平村等地进行驻村精准帮扶，对当地产业项目、基础设施项目、人居环境整治项目进行规划整治。通过落实党的惠民政策，协调做好帮扶工作，经常联系走访群众，参与便民利民服务，帮助群众解决"急难愁盼"问题，围绕加快农业农村现代化，发展乡村产业，发展壮大新型农村集体经济，推动农村精神文明建设、生态文明建设、深化农村改革、改善农村民生，不断增强人民群众获得感、幸福感、安全感。驻村书记也在工作中收获颇丰，感触良多。

## 走不出的大巴山

王一刚

　　一朝结缘扶贫，时时牢记使命，一夕从事振兴，刻刻不忘初心。我先后在大巴山南部的巫溪县和北部的城口县连续驻村近4年，经历了伟大的脱贫攻坚和巩固拓展脱贫攻坚成果同乡村振兴有效衔接两个阶段，感触颇多，辗转奔波数十万公里，克服各种艰辛，能完成任务靠什么呢？细想起来应该是使命、初心、情怀。

　　既担使命，勇往直前。2019年9月，我积极响应号召，成为市教委扶贫集团驻巫溪县天元乡工作队队员，担任象坪村驻村第一书记。这时脱贫攻坚进入后半程，进入决战期。反贫困是古今中外治国理政的一件大事。在中华民族历史上，即使是盛世也没有很好解决所有劳动人民的温饱问题。消除贫困是人类面临的重大挑战。面对脱贫攻坚这一空前艰巨的任务，我们党没有丝毫动摇，而是迎难而上，把使命牢牢扛在肩上。党中央坚持以人民为中心的发展思想，把贫困群众和全国各族人民一起迈向小康社会、一起过上好日子作为脱贫攻坚的出发点和落脚点。党的十八大以来，习近平总书记倾注精力最多的是扶贫工作，考察调研最多的是贫困地区。省市县乡村五级书记一起抓脱贫，我作为驻村第一书记是在脱贫攻坚一线的关键一员，肩扛使命，勇往直前、义不容辞。

2019 年 9 月至 2021 年 5 月，这两年以来，我始终坚守在一线，全身心投入脱贫攻坚工作，充分履行职责。针对象坪村基层组织软弱涣散，脱贫攻坚任务艰巨，通过"做五心好干部""党员五带头""基层干部五步工作法"三大举措成功摘掉组织软弱涣散帽子，并实现巫溪县最后脱贫的象坪村高质量脱贫。把有限的资金用在"刀刃"上，协调帮扶资金 30 万余元，制订精准帮扶措施，实现全村 32 户 107 人全部脱贫。因地制宜，助力产业发展，积极协调东西协作，与西南大学建设母猪繁殖基地，打造象坪养殖小区，发展规模养殖户 37 户，探索中药与养殖循环发展模式，实现人均增收 2000 余元。扶贫要扶心，落实李静常委四晒活动要求，策划并主持全乡四晒与文艺汇演，实现智志双扶。在巫溪县天元乡，我带领村支"两委"聚集资源倾情帮扶、真情为民办实事、深入开展消费扶贫，与乡党委政府并肩打赢了抗击新冠疫情、复工复产、抗洪救灾以及脱贫攻坚百日大会战、收官大决战等几大战役。天元乡地处大巴山东南部深处，基础薄弱，生产生活条件都极为艰苦。扶贫工作平凡而又艰辛，晴天一身灰，雨天一身泥。驻村期间，要克服身体不适、生活不便等诸多困难，为决战决胜脱贫攻坚必须竭尽全力。通过努力，我们工作队 2019 年获得重庆市"脱贫攻坚先进集体""感动巫溪十大人物"，2020 年获得重庆市教委集体记功，2021 年，天元乡获得"全国脱贫攻坚先进集体"荣誉称号。2021 年 5 月 22 日胜利完成扶贫任务平安回校，作为其中一员，有幸加入这次扶贫大考，为国家和人民交上满意答卷，深感自豪。

不忘初心，继续前行。刚下扶贫路，又上振兴车。根据安排，我马上被任命为重庆市发改委驻城口县帮扶集团队员，派驻位于大巴山西北深处的城口县高燕镇红军村担任第一书记。消除贫困、改善民生、逐步实现共同富裕，是中国共产党人践行初心和使命的伟大实践。脱贫攻坚是一场硬仗，不是轻轻松松一冲锋就能打赢的。我们党始终保持恒心、锲而不舍，凝心聚力、真抓实干，取得了这场硬仗的重大胜利。脱贫以后，根据乡村形势的变化，不断完善政策举措，一茬接着一茬干，一棒接着一棒跑，需要连续不断攻克个别相对贫困问题。脱贫摘帽不是终点，而是新生活、新奋斗的起点。打赢脱贫攻坚战、全面建成小康社会后，要在巩固拓展脱贫攻坚成果的基础上，做好乡村振兴这篇"大文章"，接续推进脱贫地区发展和群众生活改善。做好巩固拓展脱贫攻坚成果同乡村振兴有效衔接，关系到构建以国内大循环为主体、国内国际双循环相互促进的新发展格局，关系到全面建设社会主义现代化国家全局和实现第二个百年奋斗目标。我作为驻村第一书记要以一名普通党员从实际行动来体现党为人民谋幸福的初心。

从大巴山东南山麓来到西北山麓，刚从砾石土走出来，又踏上了黄泥地。高燕镇红军村位于高燕镇西南部，城万快速公路旁，距县政府驻地约15公里，因革命年代川陕红军在此驻扎战斗过，故名红军村。全村海拔700～2100米，面积近10平方公里，辖6个村民小组，户籍人口253户879人，脱贫户52户215人，低保10户31人，五保6户6人，一、二级残疾人18人，大病4户4人。2021年5月，我带领第一批乡村振兴驻村工作队到村报到。自入驻红军村以来，我们便把群众记在心上，把责任扛在肩上，把任务抓在手上，聚焦美丽乡村建设、红色旅游、产业培育，确定了"点、线、面"相结合的发展思路，引领乡村振兴纵深发展。在驻城口县高燕镇红军村做第一书记的两年多的日子里，自己始终以"功成不必在我，功成必定有我"的精神，积极稳步推进党建、经济、社会、民生等全面发展。以党建为引领，务实推进成效巩固。深化乡村治理，积极推动产业发展，积极争取项目资金，稳步推动村庄发展，真心为群众办事服务，扎实开展个人帮扶和教育帮扶。入驻红军村以来，及时扭转了个别村干部思想抛锚、工作不在状态的不利局面，村支"两委"工作得到极大改观。两年来，不断深入百姓，积极参与矛盾纠纷化解处理，及时帮助老百姓解决生产生活中的困难。实现了集体经济的持续增长，产业呈良好发展态势。开展教育帮扶，为高燕第二小学通过市教委获得上海真爱梦想公益基金会和英国噗米基金会"去远方"英孚青少儿公益项目一项，项目资金 3 万余元。关爱学生，每年为考上大学的学生颁奖，组织优秀学生开展线上学习，开展 5～7 天主城研学、游学。通过两年多共同努力，红军村圆满完成了巩固拓展脱贫攻坚成果同乡村振兴有效衔接，全村没有一人一户返贫。稳步推进乡村建设，申报项目 20 余项，入库 14 项，完成了村委会污水管网改造等项目 7 项。协调资金 67 万元，进一步完善了基础设施，新修产业路 5 公里，维修村道以及入户路 12 公里。争取市级项目资金 120 万元，改造维修生产生活用水水库两座，使红军村用水难老问题得到彻底改观。联系县级资金 160 万元，打造露营烧烤基地、观光农业基地助推村农文旅产业发展，利用国家储备林创建城口最大的林下黄连种植基地 1000 余亩。到我离开红军村时，这里已经是县十大避暑基地、十佳民宿基地，形成了下半区发展农文旅、上半区发展林下中药材的良好发展格局。

为民情怀、永记心头。路虽远行则必达，事虽难做则必成。我有幸参与了脱贫攻坚，以及后来的巩固拓展脱贫攻坚成果同乡村振兴有效衔接两个时期，除了不忘初心、牢记使命，支撑我一路走来的还有为民情怀。对于驻村干部，情怀显得尤为重要。广大驻村干部克服自身及家庭困难，毅然奔赴贫困山区，投身农村火热实践，与乡亲们同吃同住同劳作，将个人梦融汇于中华民族伟大复兴的中国梦，参与并见证脱贫攻坚这一人类减贫史上的壮举，在新长征路上奔跑出属于自己的美丽姿态，更是离不开"情怀"的支撑与滋养。巫溪县天元乡象坪村地处大巴山东段南麓，是典型的偏远山区，这里产业发展滞后，贫困发生率高，这与其交通不便、技术落后、生产方式单一有关。如何实现稳定脱贫及实现后续乡村振兴，产业兴旺是关键。未进行扶贫工作前，该村村民以外出务工作为主要收入。留下的为老年人、妇女、学生，以及因各种原因不能外出打工的村民，以种植土豆、玉米、红薯三大坨为主，养猪自己食用，是典型的猪粮二元经济结构。经过充分调研，我自掏腰包购买农具农资、租赁土地种植示范田，带动广大村民优化产业结构，探索出了偏远山区中药材—粮食猪循环生态种养殖模式产业化之路。城口县高燕镇红军村地处大巴山北段南麓，属于典型的喀斯特地貌，全村会出现季节性缺水，特别是随着农村文旅发展，游客不断增加，产业不断壮大，生产生活用水出现短缺。正是有为民情怀，我才会带领村支"两委"冒着严寒下水清洗蓄水池、协调资金修缮水库、披荆斩棘寻找新水源，协调土地扩建改造新水池。正是有为民情怀，我才会精心谋划村庄发展规划、改善基础设施、加大对农家乐培训、协助引进业主大力发展林下中药材规模化种植，千方百计带领村民增收致富。无论是在巫溪县的砾石土，还是城口县的黄泥地，都留下了我辛勤的汗水，但我觉得值得，作为一名从农村走出来的普通党员干部，我深爱土地，深爱人民，有此情怀，不惧万难。

忆往昔，大巴山南苦与乐，历历在目感万千。看今朝，大巴山北硕果累累迎收获，安居乐业俱欢颜。回顾近四年的驻村工作，我获得了知识，拓宽了视野，提高了素质，结交了朋友，建立了友谊，付出了艰辛，取得了成果。面向未来，面对挑战，我将不忘初心，继续前进，带着希望上路，怀着憧憬登程，用热血和忠诚，谱写职业教育助力乡村振兴的新华章！

时光如流，岁月如沙！在外驻村的近四年，我从大巴山东南山麓来到了西北山麓，这在时间的长河中只是短暂的一瞬，即使短暂，也能成就岁月的芳华，即使相遇匆匆，也能珍藏深深的眷恋。如今离开了大巴山，却常常梦里又回到大巴山，我想我是走不出大巴山了，因为我的岁月曾在那里，我的情怀也在那里。

## 爱农情结是支撑

### 叶正泉

20 世纪 60 年代，我出生于四川农村，父母是勤劳善良的农民，日出而作，日落而息，靠着几亩田地养育着我等兄妹。从童年到少年，虽食不果腹，但有着难忘童趣，虽衣衫破旧，但有着美好回忆。上学念书之余，也帮家里干些力所能及的农活，对节气轮回、春种秋收知晓八九。在重庆读书和工作以后，每逢假日，都会回老家帮助父母做些农事，享受农村泥土气息，欣赏山丘娇艳野花，邀约儿时玩伴小酌，其乐融融。在大城市生活了近四十年，穿梭于人潮，奔波于闹市，享尽都市繁华，但故乡是一坛陈年老酒，我思念着她的醇香，乡村是一杯农井粗茶，我怀念着她的浓郁。

中国是农业大国，农业是我们的基础产业，农村是我们的难忘乡愁，农民是我们的衣食父母。农业强不强、农村美不美、农民富不富，决定着我国全面建成小康社会的成色和中国式现代化的质量。党的十八大以来，习近平总书记高度重视"三农"工作并提出了一系列重要论述。

2013 年，我国精准扶贫全面铺开，2015 年 11 月，为实现全国范围内的全面小康社会，中共中央、国务院作出了打赢脱贫攻坚战的决定，确立了 2020 年我国现行标准下农村贫困人口实现脱贫，贫困县全部摘帽，解决区域性整体贫困的宏伟目标，这是中国共产党的郑重承诺和重要使命。脱贫攻坚有规定的时间、明确的任务和量化的标准，是一场硬仗，所以称为"脱贫攻坚战"，而农村是脱贫攻坚的主"战场"。国家从机关、企事业单位、高等院校、科研院所抽调优秀干部，向全国 832 个贫困县的 12.8 万个贫困村下派驻村第一书记，助力打好打赢这场划时代的"战争"。

在脱贫攻坚难中之难、艰中之艰的最后两年，2019 年 3 月，时任重庆工程职业技术学院机关党总支书记、校友联络工作处处长、工会专职副主席的我，受学校党委派遣，到云阳县栖霞镇吉平村担任驻村第一书记兼扶贫工作队队长，致力脱贫攻坚。

2021 年 2 月，脱贫攻坚取得全面胜利，我驻村已满两年，可以返校上班，但我主动申请继续驻村，同年 5 月被派往城口县庙坝镇石兴村担任驻村第一书记兼工作队队长，助力巩固拓展脱贫攻坚成果同乡村振兴有效衔接。

2023 年 5 月，驻村又满两年，驻村第一书记再次轮换，我仍然主动请缨，继续扎根乡村服务"三农"。

### 融入农村是关键

30 多年的校园工作和生活，使从农村走出来的我，对农业、农村、农民有些陌生。俗话说，到什么山唱什么歌。驻村以后，角色和身份变了，工作对象和内容变了，我必须尽快适应农村的工作、生活和自然环境，包括调整作息时间、工作节奏和生活习惯。说话做事、穿着打扮也要从"城市"转换到"乡村"，不能与乡村格格不入。我努力从四个"变"字做起，尽快融入农村生活。

一是变心态。一个人的心态对工作和生活至关重要。作为党员，必须服从组织安排，共产党员一块砖，哪里需要哪里搬，搬到城里要灿烂，搬到大山心也安。在城里是工作，在山区也是上班，只有安心才会尽心，只有倾心才有创新。在学校，我是教师，是部门负责人，在乡村，我是农民的"学生"，是一名农村基层干部。只有放下身段，尊重乡村干部，尊重村民群众，与他们打成一片，才能与镇村干部和村民说得拢、融得进、干得好。

二是变语言。从操"普通话、城市话、领导话"变成讲"乡音话、农村话、大实话"。身处农村，就应该入乡随俗，一句乡音，能够拉近心与心的距离。村干部和村民一般文化程度不高，农村谚语张口就来，说话"水流沙坝"，"潲话"连篇，跟他们交往交流，与跟老师和学生大相径庭，必须杜绝官腔、套话、大话。几年的驻村生活，改变了我的说话方式，包括讲党课、开大会，我经常采用顺口溜、谚语等形式，把党和国家的大政方针用通俗易懂的语言、生动活泼的表达方式，讲给村民群众听，取得较好的效果。

三是变穿戴。"脚上无泥，心里无底"。过去，办公地点窗明几净、环境优美，现在，办公地点在田间地头和村民家里。在学校，西装革履是注重自己和单位形象；在农村，经常要上路扫垃圾、下地帮农户、上山安水管、下田种稻谷、上房盖瓦片、下地掰苞谷、上山排路障、下河理水路，如此上上下下，干净的西装、雪白的衬衫、贼亮的皮鞋是不行的。村民家的凳子，再脏也要坐下，村民的手再不干净，递的烟也得抽。在乡村的几年里，我从不穿皮鞋、不留长发、不穿西裤，几乎每天都是休闲服和运动鞋。

四是变身份。驻村以后，我坚持念好"五字经"，做好"五种人"：念好"乡"字经，做群众认可的村里人——融入得民心；念好"实"字经，做群众喜爱的实在人——实干出真知；念好"能"字经，做群众佩服的能干人——能力显本色；念好"和"字经，做群众亲近的自己人——和谐得天下；念好"拓"字经，做群众依靠的当家人——开拓促发展。无论是在云阳吉平还是城口石兴，无论是三岁小孩还是八十岁太婆，我都能跟他们玩闹嬉笑，我把他们当亲戚，他们把我当亲人。从繁华都市到偏远山村，从高校教师到乡村干部，从脱贫攻坚到乡村振兴，从三尺讲台到田间地头；从云阳到城口，从陌生到熟悉，从孤寂到习惯，从生疏到热爱，我顺利完成了身份蜕变，熟悉了农业，适应了农村，爱上了农民。

我通过入户与村民拉家常，下地与群众同劳动，完完全全融入了农民；通过想方设法为村民解难事，用心用情为群众办实事，真真切切获得了民心；通过转变观念引领村民勤劳脱贫，发展产业带动群众增收致富，实实在在取得了成效，受到了当地干部群众的称赞，得到了当地政府的肯定。

**履职尽责是本分**

要让群众满意，就必须干出看得见、摸得着的实事，要让社会肯定，就必须做出特色鲜明、亮点突出的业绩。

驻村以来，我准确定位第一书记的角色，做到指导不主导、帮办不代替、到位不越位、添彩不添乱、补台不拆台。围绕"建强村党组织、推进强村富民、提升治理水平、为民办事服务"四方面职责，在"送智慧、找资源、当推手"九个字上下功夫。

在建强村党组织方面，我把加强村级干部队伍建设作为组织建设的重点。"农民要致富，关键靠支部"，"火车跑得快，全靠车头带"，给钱给物不如建个好支部。加强与村干部的沟通交流，遇事好商量，事事都顺畅，做到了"关起门来求争论，出门办事求同心"，杜绝了"七爷子八条心，各自为政闹起整"，与村干部和谐相处，避免了驻村工作队与村"两委""两张皮"甚至对立面现象。我采取会议培训、个别谈话、日常交流等形式，引导干部转变观念、改进作风。召开干部专题会，开设"如何当好村干部"讲座，用工作经费带领干部外出交流学习，目的是让每名干部都愿干事、能干事、会干事、干成事，发挥村干部"火车头"和"领头雁"作用，造就一支"不走的工作队"。

在推进强村富民方面，重点是产业发展，产业兴则乡村兴。农村是"38 61 99"部队（妇女、儿童、老人），虽然农业产业发展举步维艰，但也不能裹足不前。我一直坚持发展产业"想好了再做"的观念，就是要经过充分的调研、考察、论证，不虎头蛇尾，不给村里留"后遗症"和"烂摊子"，更不损害村集体和村民的利益，不给自己留下骂名。在云阳县吉平村，我带领干部兴办村集体养猪场、蚕桑基地和农家乐，桑树地套种西瓜，扶持葡萄园和猕猴桃园。2020 年，吉平村在云阳县 478个村的集体经济组织收益评比中排前十名，获得县政府 20 万元奖励。在城口县石兴村，我兴建"驻村工作队魔芋产业试验地"，采取"企业＋村集体组织＋农户"模式，引进企业到村发展高山蔬菜，发展生猪产业，打造"精品腊肉"项目，带动村民和村集体增收，实现村民、村集体、企业三赢。协调村民就近务工，仅 2022 年，石兴村 100 余名村民在本村国储林公司务工，获得工资收益 48 万余元。石兴村集体经济净收入每年保持在 30 万元左右，每年股民分红从以前的 12 万多元上涨到 24 万多元。

在提升治理水平方面，我侧重于建章立制，在吉平村和石兴村，起草实施了《治理"大操大办"暂行办法》、《公益性岗位管理暂行办法》、《大学新生奖励暂行办法》、吉平村村规民约"三字经"、石兴村村规民约"五字诀"等制度和规约。利用工作经费，设计制作宣传专栏，改善村委会办公条件，组织村民治理农村环境，处理突发事件，参与调解矛盾纠纷，营造和谐安定的氛围。

在为民办事服务方面，我用工作经费为村里安装路灯和健身器材，端午、中秋、春节等传统节日购买粽子、月饼、年货慰问监测户、特困户、重病户、老党员等特殊群体。在村里，我为残疾村民义务理发，为独居老人运送肥料，为百岁老人庆祝生日，为独居盲人购买生活用品，为孤儿提供经济资助，为村民解决饮水和住房问题等。我放弃休假战在疫情防控前沿，冒着危险抗洪抢险，这些虽是小事琐事，但却是实实在在的好事善事，提高了群众的满意度。

驻村期间，我深入田间地头、村民家里、山涧林里调查研究，积累了大量素材，利用闲暇写下近百篇短文，编印成《驻村扶贫随笔》和《驻村杂记》，记录所见所闻、所感所为，以自己的切身经历再现驻村日常与体会，反映农业、农村和农民的状况与变化，以及乡村的面貌与变迁，记载脱贫攻坚和乡村振兴的艰辛历程。我不是文豪，写不出优美辞藻，讲不出豪言壮语，也不是社会学家，没有厚实的文化功底，没有高深的理论研究，我只是一名普通的驻村干部，用朴实的片言只语给自己的人生留下一段美好回忆。

我挖掘各方资源，为校友企业和城口县民政局等部门牵线搭桥，利用我校心理健康教学团队，整合西南大学等高校心理健康教育资源，成立"城口县五二五心理服务中心"（公益性组织），在全县范围内提供心理咨询服务、心理团辅、心理普查、心理测评、青少年心理服务和社工服务。

驻村以来，围绕重庆工程职业技术学院乡村振兴学院服务"三农"的"个十百千万"行动方案，我用实际行动，构建了自己的"个十百千万"驻村帮扶体系，即：培育了一个校友企业，让企业服务"三农"，培养了十名村干部，提高他们的干事创业能力，培训了百名乡镇和驻村干部，提升干部素质，带领千名村民发展产业，增收致富，发动校友群体为万名农民办实事，诠释着自己的教育情怀和"三农"情怀。

**学校支持是保障**

重庆工程职业技术学院党委行政高度重视"三农"工作，率先在重庆高校中成立"乡村振兴学院"，联合区县职教中心在十多个区县成立了24所新农学校，出台了职业教育服务乡村振兴"十百千万"行动方案并付诸实施。学校的"三农"工作是立体的：范围上，从区县到乡镇到村社，从重点帮扶乡镇到一般乡镇；形式上，从人力支持到智力支撑，从资金保证到项目设计；领域上，从职业教育到脱贫攻坚和乡村振兴，从心理健康到留守老人和儿童，全方位覆盖"三农"工作。

对待驻村第一书记，学校在机构上，有分管领导，有牵头部门，有专人负责；在经费上，有年度预算，有项目安排；在关心关怀上，学校严格按照上级规定，不折不扣落实第一书记的政治和经济待遇，每年定期拨付工作经费，按规定看望慰问第一书记和听取工作汇报，落实了责任、项目、资金"三捆绑"和"一个干部派下去，整个单位帮起来"的要求。学校党委行政的重视，让第一书记暖心安心，使第一书记在"三农"一线留得住、干得好。

**甘于奉献是根本**

脱贫攻坚和乡村振兴是大文章，农村是大战场，驻村是大考验，时代是出卷人，我们是答卷人，人民是阅卷人。有幸参与这两项"国之大者"工程，有幸参与书写这两篇大文章，是我人生荣耀之事。坚守乡村的六年，守的是农业根、农村情、农民心！

实录一段我在夜深难眠时吟诵的顺口溜作为结语！

生于耕农之家，长于田野乡村；

落地天无异象，秉赋未见超群；

山丘三间土屋，父母不识诗文；

泥地摸爬滚打，常年脸肿鼻青；

几亩瘦田刨食，得以苟活幸存；

奈何身弱体小，无力下地躬耕；

唯有勤奋求学，立志跳出"农门"；

日忍辘辘饥肠苦，夜伴豆大煤油灯；

夙兴夜寐十二载，皇天不负有心人；

脱去青涩外衣，跻身繁华重庆；

无耀祖之雄心，但求别样之人生。

校园三十余载，教书职责在身；

多个部门任职，育人尽力倾心。

游走喧嚣都市，常思农村清新；

结交三朋四友，常念儿时情境。

身处国际名城，心系美丽乡村；

闹市奔波半生，梦想回归农村。


知命之年，闻令出征，从脱贫攻坚到乡村振兴；

驻村六载，翻山越岭，从云阳吉平到城口石兴。

送温暖，搞产业，潜心为民；

帮学童，助孤老，竭力尽心。

山涧田埂穿梭，林间小道独行；

倾情"三农"，无悔雪染双鬓。

忙碌半生，似无傲人过往可寻；

乡村六年，酸甜苦辣足慰平生。


## 基层奋斗　共筑梦想

### 何荣军

2021年2月25日，习近平总书记在北京举行的全国脱贫攻坚总结表彰大会上宣布中国的脱贫攻坚战取得了全面胜利。作为云阳县红狮镇临江村驻村第一书记，很荣幸参加了脱贫攻坚战，在过去的两年多时间里，以党建引领临江村精准脱贫工作全局，按照精准扶贫和高质量脱贫的具体要求，坚持"三在村"，有效衔接乡村振兴，坚决打赢脱贫攻坚战，巩固脱贫成果，和村支"两委"一道，与村民同呼吸、共命运，共同经历了无数的风雨和挑战，也见证了临江村的点滴变化和发展。在这里，我想分享一下我的感悟和心得。

**一、当好"火车头"，创新模式开展脱贫**

用支部统揽脱贫工作，用活基层战斗堡垒，打通服务群众"最后一公里"，提出双"1+5+N"模式。强化思想教育学习，制订了主题党日"1+5+N"（"1"，一个活动主题；"5"，五项基本内容；"N"，支部自选活动）党员工作法，学深悟透国家各级精准扶贫政策，特别是老百姓所关心的土地复垦和整治、医疗保障、教育资助、低保兜底等政策。只要思想不滑坡，办法总比困难多。在各村民小组召开院坝会，让扶贫政策进村入户、进脑入心，从而使村民思想和行动有机地统一起来。利用工作经费建设标准的党支部，购置广播系统，组建微信群、注册微信公众号等多种形式，将主题教育学习的收获内化于心、外化于行，打造一支坚定的工作队。建立"1+5+N"（"1"，一个支部；"5"，5个致富带头人；"N"，贫困户）发展模式，3社建档立卡贫困户韩光明，掌握了临江土鸡的养殖技术，驻村工作队与他多次交流谈心，让他带动周围群众一起发展养殖，提供技术服务，指导大家科学养殖。通过"1+5+N"发展模式，依托镜坪蔬菜专业合作社和寨子山土鸡养殖专业合作社，培育致富带头人5人，带动本村贫困户及农户80余户，发展了镜坪香葱、西瓜，临江土鸡等种养殖项目，实现人均增收1000元以上。在脱贫攻坚两年多的时间里，我的驻村工作很荣幸得到了人民日报、全国职业院校精准扶贫协作联盟、搜狐网和我们学校的报道，所在村获"重庆市脱贫攻坚先进集体"。

**二、打响"当头炮"，抓好基础设施建设**

困扰临江村脱贫的关键就是基础设施落后。坚持从道路建设等基础设施建设入手。一是创新基础设施建设模式，大胆实施"政府主导、群众主体"的建设模式。即采取政府免费提供沙石、水泥等原材料，群众自愿投工投劳、自行建设，硬化人行便道6公里，整治人饮池3口，整治山坪塘2口，节约政府投资60%的成本。二是主动争取项目资金。争取市国土局500万元、县水利局资金300万元、对口帮扶资金30万元、学校资金近10万元，拟实行土地整治，解决1、2、5、6社灌溉缺水，发展产业，建老年活动中心、安装太阳能路灯和栽种绿化树。全村面貌焕然一新，村民生产、生活条件得到极大的改善。

**三、牵住"牛鼻子"，发展长效产业**

要实现乡村振兴，首要的就是产业兴旺。由于历史原因，临江村集体经济基本为零，产业发展单一。驻村工作队和村支"两委"充分调研，经过反复讨论，制订了临江村中长期发展规划，因地制宜，充分利用4个专业合作社示范引领发展，中期发展猪、鸡、羊、牛养殖，香葱、西瓜、香菇种植，长期发展油桐、柑橘种植。突破发展瓶颈，一方面科学选择优势项目，做大产业发展体量。临江村主导产业为土鸡养殖和蔬菜种植，现有存笼土鸡20000余羽，主推蔬菜种植300余亩。同时，打造了1500亩油桐基地，预计产值800万元以上。另一方面不断改进发展模式，增强产业发展动力。通过驻村工作队不断创新探索,产业发展与农户利益连接更加紧密。主动创新"带贫益贫"机制,2019 年按村集体、专业合作社、种植户 1∶2∶7 分配分葱收益,带动了 20 余户农户参与种植。临江村成立了云阳县博旺劳务有限责任公司,通过村民代表大会确定村集体入股 51%、村干部及村民入股 49% 的占股比例,承接山坪塘整治和机耕道修建等限额以下劳务工程,实现人均增收 500 余元,集体经济实现重大突破,各项收入 10 万余元。

### 四、把好"公平秤",严格救助对象识别

临江村脱贫攻坚工作高质量通过国家普查。精准识别救助对象,是提升群众满意度的重要方面。临江村在这项工作中突出民主,谁是救助对象群众说了算,让群众评议,让群众监督。首先严把民主评议关。由救助对象提出申请,村支"两委"组织组长、社员代表召开评议会议,申请的对象说明申请理由,参会人员对照标准,逐户进行讨论并表决。其次严把公开公示关,对讨论通过的对象在村务公开栏进行张榜公示,对公示有异议的,组织社员代表进行再次核实,核实后再召开会议进行讨论,如此经过几上几下,反复讨论,群众无异议后将救助名单报镇民政办。先后有 5 户 9 名不符合条件的人口被群众"火眼金睛"识破后被剔除救助对象行列。

### 五、争当"硬骨头",引导群众自力更生

在各种利好政策下,少数贫困群众也丧失了自主脱贫致富的信心,不推不动甚至推了也不动,一味指望上级拨款拨物,只想受鱼不愿求渔,陷入越扶越贫的恶性循环。为了引导群众转变思想,扶贫先扶志,变"输血"为"造血",在学校党委、镇党委政府的支持下,通过组织脱贫致富典型人物现身说法,和村支"两委"一道带领部分贫困户和社员代表去后叶镇、栖霞镇等地参观学习,亲身感受脱贫致富的红火氛围,转变其"不愿脱贫、不肯脱贫、怕脱贫"的思想。建立干部结对帮扶机制,定期走访,全面深入了解贫困户家庭现状和致贫原因,结合贫困户自身实际和发展意愿制订切实可行的帮扶措施。及时将各项扶贫政策宣传到户到人,帮助群众解疑释惑,让群众理解和支持脱贫攻坚工作。结合贫困户积分管理方案,多次组织贫困户召开"志智双扶"座谈会,进一步激发贫困户内生动力。

### 六、描绘"新图景",提升治理水平

以人居环境整治工作为抓手,结合主题教育,结合群众诉求,组织制订了临江

村低保评议方案、禁止大操大办管理暂行办法、村民自治管理红黑榜等相关制度。村干部、驻村工作队全体人员每月定时清扫环境。划定人居环境责任片区图，按户划分责任区域，形成了干部主动带头、群众广泛参与，分段包干、分区负责的工作体系，确保农村人居环境整治效果良好、作用长远，有效治理农村"脏、乱、差"问题，群众获得感、幸福感得到明显提升。组织开展临江村第一届"模范家风"评选活动，挖掘了典型，树立了典型，彰显榜样的力量，完成村内道路美化工作，并栽种百日草花卉。

### 七、筑牢"两道防线"，着力持续党员干部之德

作为党员干部，必须筑牢思想道德和党纪国法两道防线，始终注重廉洁自律，常修为政之德、常思贪欲之害，坚持在利益面前后退一步，在困难面前往前一步。带头落实好中央八项规定，能自觉遵守《中国共产党廉洁自律准则》，严格落实党风廉政建设相关规定，用好驻村工作经费，坚持高线，不越红线，锤炼党性、强化素质。

回顾过去，我为临江村取得的成绩感到自豪；展望未来，我深知任重道远。在新时代的长征路上，我将不忘初心、牢记使命，继续为乡村的发展贡献自己的力量，为实现乡村振兴战略、中华民族伟大复兴的中国梦而努力奋斗！

## 转变角色融农村，履职尽责促振兴

孙国文

党的二十大擘画了以中国式现代化全面推进中华民族伟大复兴的宏伟蓝图。全面建设社会主义现代化国家，最艰巨最繁重的任务仍然在农村。民族要复兴，乡村必振兴。全面推进乡村振兴作为实现中华民族伟大复兴的一项重大任务，中国举全党全社会之力正在加快农业农村现代化，让广大农民过上更加美好幸福的生活。在巩固拓展脱贫攻坚成果同乡村振兴有效衔接的过渡期，2023年5月，我受组织派遣，担任城口县坪坝镇丰田村第一书记兼工作队队长。

### 彷徨沮丧、坚定信念

2023年6月1日是我一生值得铭记和怀念的日子。既是我作为重庆市市派驻村第一书记正式报到日，也是儿童节，理应陪同处于幼儿园阶段的小儿子欢歌载舞，但我一早驾车从重庆主城出发赶往城口县参加重庆市派驻村第一书记轮换座谈会。

因路途遥远，路况不熟，一路瓢泼大雨，紧赶慢赶总算在规定时间前到达县委小礼堂会议室。参加完会议，在丰田村前任第一书记王治春的引荐下，与坪坝镇党委文书记见面，接回镇上，晚9点被政府人员带到居住处，打开门一看，虽然我是农村出身，却也被眼前景象所震撼，几平方米的小居室，一张床和一张小桌子就是屋内所有陈设，就连坐的凳子都没有，变形的木质玻璃窗已经关不严实，天花板墙角吊着偌大一个蜘蛛网，窗外沥沥雨声不断，离开温馨的小家，一个人身处350公里外的异地，孤独感油然而生。更让人崩溃的是，看到重庆交巡警"违反禁令标志指示"的温馨提醒，才想起今天本人车牌号限行。此情此景，让我立马寻求组织的安慰，拍摄照片发给学校党委书记，领导一句"学会适应"，瞬间释然，是的，组织的信任就是最大的关怀，人就是要适应不同环境，越是艰苦的环境才能磨炼意志，不同的环境才能造就精彩的人生。

**转变角色、积极融入**

乡村振兴是"国之大者"，是举世瞩目的国家战略，作为驻村第一书记，能为此贡献自己的绵薄之力，深感使命光荣，责任重大。如何尽快转变角色、融入农村、适应工作是当务之急。一是转变心态，端正态度，克服畏难情绪，以学习的姿态开展工作。到岗第二天就主动找党委书记、镇长、分管领导组织委员汇报交流，与村干部交谈，与村民群众唠嗑，变老师为学生，虚心向镇领导学习、向乡村干部学习、向村民群众学习。二是转变角色，从高校教师转变为农村干部，从科技工作转变为农村工作，同时把"三农"工作当成一项课题来研究，俯下身子深入农村、农户开展调查研究，出实招，解实难。三是熟悉政策，驻村前的专题培训，积极听课，认真学习，深入思考，参与研讨，撰写心得体会。驻村后，利用业余时间深入学习涉及乡村振兴的国家和重庆市相关政策，重点学习了《中共中央 国务院关于实施乡村振兴战略的意见》及相关解读、《中共中央 国务院关于实现巩固拓展脱贫攻坚成果同乡村振兴有效衔接的意见》及相关解读、《中共中央 国务院关于做好2023年全面推进乡村振兴重点工作的意见》等，尤其是与自己工作联系特别紧密的条目认真记录下来，尽量熟记于心、了然于胸。四是迅速了解镇情村情，虽然自己也是农村出身，但离开农村二十多年了，尤其是这些年农村变化太快太大，对农村工作不熟悉不了解，作为第一书记，更是"大姑娘上花轿——头一回"，所以镇情村情村貌了解必是工作的基石。首先是纸面上，根据坪坝镇和丰田村的简要介绍，从坐落位置、幅员、人口、耕地、林地面积、产业现状、党组织、集体经济、乡村治理机制、办实事政策制度、2023年度乡村振兴重大项目及主要工作举措、低收入人口家庭监测及帮扶情况、低收入群体分布等方面全方位了解镇情村情；其次是实际走访调研，入户调研前，根据村情及第一书记工作职责，结合国家、重庆市及城口县政策，针对不同类型家庭，精心制作了入户调研表格，主要内容从"两不愁三保障"、防贫返贫监测等方面入手；制订了调研方案，从监测户到低保户、脱贫户的思路开展入户走访调研，每走一户，深入详细了解家庭情况、收入情况、村情民意，听取意见建议，认真填写表格，目前，已遍访完全村，对整体村情、大多数家庭情况有了深入了解、基本摸清脱贫成果巩固的具体情况，分析研判风险点和薄弱点，梳理重点事项，列出任务清单。五是制订工作方案，在熟悉村情后，与联村领导和村支"两委"商量，制定了《坪坝镇丰田村驻村工作队工作方案》《2023年坪坝镇丰田村驻村工作队工作计划与任务》，理出了目标，细化了任务，形成了计划，提出了措施。

**履职尽责、示范带领**

始终牢记第一书记四大职责，以党建统领全局，加强学习，以党员示范引领，形成头雁效应。

一是建强村党组织。利用"三会一课"、学习贯彻习近平新时代中国特色社会主义思想主题教育契机，组织党员学习党的二十大报告、《中国共产党章程》、《习近平著作选读》等，根据《坪坝镇学习贯彻习近平新时代中国特色社会主义思想主题教育学习计划》，指导督促丰田村党支部有序开展学习红色教育、调研等活动，增强基层党组织政治功能和组织功能，推动村干部加强村"两委"班子建设，促进担当作为，帮助培育后备力量，发展党员；推动加强党支部标准化、规范化建设，严格党的组织生活，加强党员教育管理监督，充分发挥党组织和党员作用。

二是推进强村富民。重点围绕加快农业农村现代化、扎实推进共同富裕，推动巩固拓展脱贫攻坚成果同乡村振兴有效衔接，做好常态化监测和精准帮扶，通过走村入户，了解到村民尹德胜突发疾病，与村委商量并通过正常程序纳入监测户实现低保兜底，拓展消费帮扶渠道，帮助村民销售70多只鸭子，目前正在筹划村民老腊肉销售；推动加快发展乡村产业，发展壮大新型农村集体经济，促进农民增收致富，由驻村工作队和村支"两委"协商，结合村情，以种养殖业为抓手，引进技术甚至企业，组织村集体和村民栽种和饲养，努力打造丰田村特色品牌，实现企业、村集体和村民三方盈利，带动村民增加收入，要求驻村工作队员分别寻找资源，搭建平台，至少策划一项种养殖计划或方案。我通过与学校乡村振兴学院衔接，借助学校强大的科研团队以及领导大力支持，亲自协调土地，在村里成立了食用菌种植技术培育培训基地，充分发挥"科技＋农业"专业技术优势，助力丰田村经济建设。在专家和教授指导下，积极参与球盖菇配料发酵，亲力亲为下种、浇水、铺土、铺稻草、测试温度以及平时监管等，争取来年在村民中推广，提高农民收入，努力打造丰田村食用菌品牌，同时在基地里还试种了鸡腿菇，谋划明年进行葛根种植。积极开展各种活动，组织全体村民端午节包粽子、开展"党建统领谋发展，干群齐心促振兴"庆"七一"主题党日活动、以"如何攻破'象牙'城"为题开展大学新生座谈会、支持并组织农民运动会，尤其是在"村BA"篮球赛中，赞助球服球鞋，组织训练，保障后勤等，历时半个月取得了本村历史最好成绩，获得了亚军。通过这些活动提高了村民凝聚力、向心力，推动农村精神文明建设、生态文明建设、乡村建设，促进农业农村高质量发展。

三是提升治理水平。围绕推进乡村治理体系建设，建立健全乡村治理体制机制；开展人居环境综合整治，加强群众宣传教育，推进移风易俗，培育文明乡风。出台了本村2023年高校新入学学生奖励办法，利用工作经费进行资助与奖励，当前正在制定村民自治、议事决策制度和村规民约、民主管理监督制度、民主协商制度等；实施驻村队员每人承接3户重点户，帮助和督促家庭清洁卫生打扫、垃圾入桶，协助村民厕所改造等工作，改善人居环境；推动化解各类矛盾问题，实行网格化管理和精细化服务，每个队员负责一个网格，我负责两个网格，遇到矛盾纠纷不回避，不做缩头乌龟，抓住问题根子以理服人，常说办法总比困难多，学习"枫桥经验"强化治理水平，扎实推进宜居宜业和美乡村建设。

四是为民办事服务。坚持以村民为中心，秉承服务村民的理念，让联系走访群众成为常态，把田间地头、村民家里作为办公地点，对群众嘘寒问暖，创造性地为村民办好事、做实事、解难事，切实服务群众，要求每名队员每年为村民至少办一件看得见、摸得着的实事。我利用工作经费解决了村级道路46盏路灯重拾光亮，方便了村民及学生早晚出行，村民群众的一句"这个书记好"让我幸福感和获得感满满的。解决了一位视力一级残的村民坏了多年的房屋檩木，长期帮助一位腿脚不便的空巢老人买药，组织村民疏通水源，等等。推动党的惠民政策落实落地，能解决的即时解决，不能解决的也必须给予回应，针对村里社级路硬化事宜，不定期与镇领导沟通，与村委协调，与村民商量，争取在年前动工。经常联系走访群众，参与便民利民服务，在我力所能及范围内帮助群众解决"急难愁盼"问题。推动加强对困难人群的关爱服务，经常嘘寒问暖，协调做好帮扶工作，利用端午、中秋、重阳等节日开展慰问活动，传递组织温暖，不断增强人民群众获得感、幸福感、安全感。

农村作为最基层治理单元，农村工作是最接地气的。5个月的驻村经历，既有辛酸与不解，更有收获与欣慰，尤其是村民的肯定使我信心满满。成绩都是在各级党委政府领导下、单位大力支持下、同事帮助下、村民配合下取得的，接下来我将一如既往不忘为民服务初心，不辜负组织殷切期盼，认真做事、创新工作、开拓进取，努力使自己成为一名合格的驻村第一书记。

附：

少年不识愁知味，

中年愁知乡村情。

却道振兴好个党，

政策落地见效快。

农业产业蓬勃生，

农民精神抖擞起。

农村面貌焕然新，

民族复兴指日待。

信心百倍工作干，

扒开云雾见天日。

# 以"五个振兴"助力全国红色美丽村庄余坪村更红更美

余志刚

2023年6月1日早上5点，窗外哆啦咪嗦地下着清清雨丝，偶尔一缕"靓带"舞过夜空，我亲吻了黑暗中熟睡的3岁女儿后静静地带上行囊下楼到车库开车从永川（家安在永川区）出发，当我正打开手机准备开启导航，爱人打来电话小声叮嘱：开车注意开慢点（开车历史不到3个月），到达沙坪坝区后与我校3位被派驻城口县驻村第一书记7点从重庆主城出发，早上8：00左右，我交了开车以来第一笔车辆"轻吻费"200元，不知道为啥——心里还特别高兴。詹Sir随后接过"接力棒"，中午顺利到达城口县，下午驻村第一书记轮换交接工作会后，我来到了双河乡余坪村。

从大学到农村，环境的差异、身份的转换、小家的琐事、相亲的期盼，这些都是令我辗转难眠的思绪。驻村到底为了什么——我千百次暗自埋下疑问。乡间小路泥泞崎岖、山区道路陡峭险峻（66道拐）、环境卫生脏乱无序、基础设施简单薄弱、作物结构布局单一、产业发展引企困难，甚至连乡村夜晚照明、老乡住房安全、饮水安全保障、山区孩子上学交通安全等问题都需要完善或解决，我深感到肩上担子的分量和责任的重大，也充分认识到这是城乡发展过程中产生的差距。天星村张君维书记特意于6月3日多留一天，在火炉边为我诸多的忐忑传授真经到凌晨，至今我仍暖意浓浓；近5个月的驻村时间，长期经历高山的特殊不适生理反应——上下高山时耳鸣失聪、无云炽热时头胸困闷、阴冷潮湿时脊柱酸痛，对此我们的驻村队长、石兴村叶正泉书记时常给予我多方帮助和指导，增添了我干事的信心和底气；学校易俊书记、张进校长、吴再生副校长、刘铭副校长等各级领导常态化的慰问和看望从不同角度鼓励着我们——不忘组织的培养，来了就要扎根乡村。党的二十大报告强调，要"全面推进乡村振兴""加快建设农业强国，扎实推动乡村产业、人才、文化、生态、组织振兴"。驻村以来，注重讲团结——把低调做人、尊重他人记为习惯，接地气——把吃喝穿戴、说话做事变回乡愁，讲担当——把履职尽责、豁达包容作为准则，扬正气——把磊落干净、尽心为民铸成初心，牢记驻村第一书记带好头，紧紧围绕"五个振兴"组织开展工作。

**产业振兴——旅游引领**

产业振兴是乡村振兴的物质基础。余坪村以红色资源打底，以绿色（旅游＋）

发展强村富民。乡村文化旅游是乡村文化和旅游产业融合发展的农村产业新模式，是游客需要、农民受益、前景广阔、地方经济发展的"朝阳产业"和"环保绿色产业"。2017年，党的十九大报告首次提出实施乡村振兴战略，明确总要求为产业兴旺、生态宜居、乡风文明、治理有效、生活富裕。2020年，农业农村部印发了《全国乡村产业发展规划（2020—2025年）》，明确产业兴旺是乡村振兴的首要任务，发展乡村产业是乡村全面振兴的重要根基，是巩固提升全面小康成果的重要支撑，是推进农业农村现代化的重要引擎。2022年中央一号文件也将"聚焦产业促进乡村发展"作为重点工作之一。产业兴则百业兴，产业兴旺是解决农村一切问题的前提，是农村经济增长的源泉。实现产业振兴发展，对于推进乡村产业、人才、文化、生态、组织的全面协调发展具有显著的促进作用。

在产业振兴方面带领村支"两委"采取如下举措：①新引进1家公司发展中药材淫羊藿基地1个，200亩。②新引进1家市场主体开展夏令营、单位团建及民兵训练活动。③新建农田（水土保持项目），90余亩。④维护整改高山蓝莓园基地1个，40亩。⑤升级改造生态大棚基地1个，3亩。⑥持续推进国有企业重庆市林业科学研究院采用土地租用的方式，流转耕地710亩、林地400余亩，涉及71户农户、年收益43万余元。⑦诚请重庆工程职业技术学院帮扶实施2023双河乡余坪村园林花卉苗木生产性实训基地建设苗木采购，4979万元。⑧持续支持及关心2户养猪带头人（280余头猪）、5户养牛带头人（58头牛）。

### 人才振兴——"三农"之人

人才振兴是乡村振兴的关键所在。所谓"三农"之人，就是指懂农业、爱农村、爱农民的人。习近平总书记在《论"三农"工作》中进行了"坚持把解决好'三农'问题作为全党工作重中之重，举全党全社会之力推动乡村振兴；推动新型工业化、信息化、城镇化、农业现代化同步发展；健全城乡发展一体化体制机制；农业农村工作，增加农民收入是关键；实施国家粮食安全战略，把饭碗牢牢端在自己手上"等一系列重要论述。习近平总书记强调，要推动乡村人才振兴，把人力资本开发放在首要位置，强化乡村振兴人才支撑，加快培育新型农业经营主体，让愿意留在乡村、建设家乡的人留得安心，让愿意上山下乡、回报乡村的人更有信心，激励各类人才在农村广阔天地大施所能、大展才华、大显身手，打造一支强大的乡村振兴人才队伍，在乡村形成人才、土地、资金、产业汇聚的良性循环。英格尔斯提出，"人的现代化是国家现代化必不可少的因素。它并不是现代化过程结束后的副产品，而是现代化制度与经济赖以长期发展并取得成功的先决条件"。加快推进乡村人才振兴，培养造就一支懂农业、爱农村、爱农民的"三农"工作队伍，既是中央部署的工作要求，也是基层实践的迫切需要。人才振兴有助于提高乡村劳动人民的素质、高效利用乡村自然资源及促进农业增效、农民增收。乡村人才是城乡一体化的引领者，将乡村人才与乡村劳动人民有机地联系在一起，能够实现对乡村自然资源的深度开发和高效利用，在推动产业发展中有助于实现富村富民，统筹城乡一体化，推进城乡融合发展，从而使乡村劳动人民的整体素质得到提高。

在人才振兴方面带领村支"两委"采取如下举措：①营造尊重人才、关怀乡村人才的良好氛围，对乡村人才进行政策支持，激励乡村人才相互学习。②加强农民致富带头人的培养，通过各种渠道培训农民，提高农民素质，培养养猪带头人2人、养牛带头人5人、农家乐带头人2人。③7月，引进1家市场主体先行带动打造"红色＋绿色"夏令营体验项目，鼓励村民积极思考及建设自家院落，影响带动村民加强积极改善农家小院的意识，力争把他们培养为本土人才的后备军。④开展走访宣传：只有看到实事，宣传才能入脑入心，目前本村在读大学生34人，今年新增大学生11人，结合自身教师身份，利用假期与村里读书年轻人谈读书、谈奋斗。

### 文化振兴——红色文化

文化振兴是乡村振兴的有力支撑。著名学者梁漱溟先生认为乡村文化以保留"中国的老道理为根本精神"，而这种老道理就是中国的文化，同时也是乡村自有的文化。红色资源作为推动乡村文化振兴的重要资源，一方面保留了中华优秀传统文化的精髓，另一方面又体现了党的优良革命传统。在全面推进乡村振兴战略背景下，乡村文化自信为乡村振兴提供持久的精神力量。当今时代，文化越来越成为民族凝聚力和创造力的重要源泉，越来越成为国家综合竞争力的重要影响因素。实施乡村振兴战略，文化振兴是灵魂，没有乡村文化的高度自信与繁荣发展，就难以实现乡村振兴的伟大事业。

在文化振兴方面带领村支"两委"采取如下举措：①引进1家市场主体开展夏令营、单位团建20余次、1500余人，民兵训练300余人次，接待承办了职工婚恋交友活动50余人次。②依托红色哨所、城万红军指挥所旧址接待市内外来宾进行参观研学、调研、爱国主义教育、党建活动等 20 余场次、1000 余人。③在城万红军指挥所旧址开展红色双河文艺节目排练、表演，"红色情景剧：星火耀双河"已成功演出 4 场，接待承办了八一建军节活动 1 次。④进行国防教育基地、乡村绿化、乡村红色文化环境项目建设，持续改善乡村面貌，营造以红色文化为主题的乡村氛围。⑤诚请重庆工程职业技术学院土木工程学院乡村振兴促进团来到余坪村开展 2023 年大学生暑期"三下乡"社会实践活动，我村挂牌成为重庆工程职业技术学院大学生社会实践基地、励苦乐生劳动教育实践基地。通过开展电商直播，助力乡村振兴发展，发展成就观察团成员在余坪村开展了"以心筑梦，关爱儿童"社会实践活动，在实践中，队员坚持爱心守护，与村内儿童分别在村委会会议室、城万红军指挥所旧址，进行"红色在我家乡""我心中的大学""我与未来"梦想探讨，并开展了作业辅导、心理健康知识普及和趣味活动，为他们带来温暖与关爱，助力儿童在红色家乡健康成长。

**生态振兴——美丽宜居**

生态振兴是乡村振兴的内在要求。乡村振兴生态宜居是关键，让良好生态成为乡村绿色发展之路的支撑点。良好的生态环境是农民幸福生活的生存优势，是农村最大优势和宝贵财富，是农业农村真正繁荣和谐发展的基础，是美丽乡村建设的关键所在，新时代提出乡村生态振兴，既是乡村振兴战略的重要一环，推动"三农"进一步发展的保障，也是遵循了乡村生态环境自身发展的规律与趋势。生态振兴不仅是生态文明建设、生态宜居和美丽乡村得以实现的重要保障，也是农村政治经济社会发展的振兴，更是落实生态文明建设和解决"三农"问题的关键。牢固树立和践行"绿水青山就是金山银山"的理念，坚持生态优先、绿色发展，着力化解保护与发展的矛盾，是实现人与自然和谐共生的必由之路。余坪村牢固树立和践行"绿水青山就是金山银山"的理念，紧紧围绕农业增效、农民增收、农村和美的目标，以"66 道拐、红色哨所、城万红军指挥所、农会旧址"为红色主线，深入实施"红色美丽村庄"行动，因地制宜探索和培育农村新业态，不断提升竞争力和发展潜力。

在生态振兴方面带领村支"两委"采取如下举措：①新引进 1 家市场主体统筹原景区基础条件，采取"市场主体＋集体经济组织"模式改造升级九重花岭，推进余坪村生态营地建设。②新引进重庆市湖南商会捐赠 100 盏公路路灯，价值 22 万余元。③新建国防教育基地1个、停车场1个、乡村民宿3栋，进行大棚维修、环境整治、乡村绿化等一系列红色美丽村庄项目建设；使用好革命老区政策红利，持续完善乡村交通、水电、宽带等基础设施建设，推进厕所革命、能源革命，整治生活污水、生活垃圾，道路边坡维护、坡地边沟、涵洞疏通治理、大幅改善村容村貌，还乡村一片青山绿水、生态和谐。④持续推进蓝莓园、生态大棚建设。⑤强化价值升华、氛围营造及走访宣传提升乡村人民群众的生态文明意识。

**组织振兴——基层堡垒**

组织振兴是乡村振兴的根本保障。始终坚持农村基层党组织领导核心地位，在提升农村基层党组织的组织力上下功夫，充分发挥其战斗堡垒作用。如果村级党组织政治生态清明清朗，党员干部的榜样作用发挥充分，全村党员、干部和群众就会"众志成城，万众一心"，就会认真贯彻和执行党的各项推进共同富裕的政策措施，就会主动去探寻并践行共同富裕的模式与思路。

在组织振兴方面带领村支"两委"采取如下举措：①在乡政府领导下，我村锚定乡村振兴总目标，以习近平新时代中国特色社会主义思想为指导，学习宣传贯彻落实党的二十大精神，深入贯彻2023年中央一号文件部署，聚焦"守底线、促振兴、强保障"，扎实推进乡村振兴重点工作，坚持以"党建引领"为主线，把基层党建与乡村治理结合起来，持续推进"基层党建＋网格治理"工作模式，严格落实"三会一课"制度，积极开展党员组织生活。②以红网格说事亭为依托，打造"家和亲邻议事亭、余坪有你才美丽"党建品牌，品牌内涵"1个宗旨"：大事议小事商、少数服从大多数。"2个提升"：基层党组织管理能力全面提升，红色美丽村庄美丽度全面提升。"3个落实"：事前议事程序规范，事中主体责任清晰，事后完美验收通过。以此构建党群连心、邻里和谐、守望相助、团结奋进的基层治理新格局。③走访在村老年村民，与他们谈家常、谈党恩、谋理解；走访在村中年村民，与他们谈政策、谈未来、谋发展；联系在外务工村民，与他们谈村情、谈变化、谋支持。

千头万绪凝练成四句话：团结就是力量！地气就是亲人！担当就会务实！正气就会美丽！

# 我的驻村情结

张君维

2021年5月17日，我在市发改委帮扶集团驻城口县咸宜镇工作队队长秦明山和副队长游睿带领下，到城口县双河乡天星村担任驻村第一书记兼工作队队长。在学校领导的关心帮助下，在市发改委帮扶集团的指导下，按照城口县委县政府、双河乡党委政府的具体安排下，我工作积极主动，市发改委帮扶集团和城口县委组织部评选我为2022年度优秀，取得可喜的成绩。

## 一、驻村工作队组成及天星村基本情况

1. 驻村工作队人员还有城口县党校杨代洪、城口县政协办公室何正剑。

2. 天星村基本情况：天星村面积24平方公里，距离双河乡场镇15公里，辖10个村民小组，共362户1002人，其中中共党员20名。天星村于2018年整村脱贫，现有已脱贫户89户342人，公益性岗位53人，监测户4户13人，低保户24户47人，残疾人44人，特病人员30人，五保户9人。天星村现有林地19723亩；耕地3165亩；现纳入国家储备林项目18736亩。

## 二、驻村工作情况

主要按照三分之二时间"吃在村、住在村、干在村"三在村要求，围绕建强村党组织、推进强村富民、提升治理水平、为民办事服务等4项重点职责，做到帮办不代替、到位不越位，全身心投入巩固拓展脱贫攻坚成果同乡村振兴有效衔接工作中，主要做了以下工作。

1. 加强基层党组织建设，参加村支"两委"会议，加强入党申请人和入党积极分子培养教育；新增1名入党申请人、2名入党积极分子，1名预备党员刘玄按时转正，吸收1名预备党员陈明杰；自觉党史学习教育指定内容；学习习近平总书记在庆祝中国共产党成立100周年大会上的重要讲话等相关学习资料；已给村党支部全体党员讲党课"中国共产党百年辉煌""学习贯彻党的十九届六中全会精神，奋力开创'十四五'新发展格局""中共二十大报告中的新观点、新论断、新思想"3次。深刻领悟"两个确立"的决定性意义，增强"四个意识"、坚定"四个自信"、做到"两个维护"。

2. 积极按照市县乡要求，与村干部一起开展天星村10个村民小组大走访大排查大整改及监测防返贫问题，包括脱贫户、低保户、五保户、一般农户，走访辖区150

多户，开展"两不愁三保障"和饮水问题，以及厕所使用情况、防汛抗旱危险等排查工作，遍访辖区脱贫户和监测户。虽然留在村里的多数是老人、妇女、残疾人，但大家都很勤劳，吃得苦，都根据自己的实际情况养牛、养羊、养猪、养鸡。养牛超过 8 头的有 2 组白礼清、刘国江、徐传定，3 组王仕强，养羊超过 100 头的有 1 组白智龙，养猪超过 10 头的有 9 组白礼华，10 组全启珍、张光友、张万合，有 25 户村民家里养鸡超过 50 只；还根据自己的情况种中药材、玉米、土豆、魔芋、包包菜、党参、山药，村里"一村一品"包包菜种植有 100 余亩。

3. 协助参与村支"两委"开展换届选举工作。

4. 协助村干部做好疫情防控工作。我亲自开车接送村民到双河乡卫生院接种疫苗 8 次；协助村干部做好村民外出务工返回村的排查工作，让拟回村的村民按县乡要求提前报备，提醒和督促他们回村遵守县乡防疫要求，特别是回家要求一家人都要自觉遵守居家健康监测要求，不要去串门、聚集，防止新冠病毒传播。在全国疫情防控放开前，天星村没有出现 1 例新冠病毒感染者。

5. 积极参与迎接重庆市、城口县巩固拓展脱贫攻坚成果专项督查检查工作。我们驻村干部和村干部都是以虚心学习的态度迎接检查，通过对比检查项目及要求，再次完善我们的工作内容，把好的做法常态化做好；协助村干部做好巩固脱贫攻坚成果和乡村振兴项目申报，以及天星村产业发展及农文旅融合发展工作思路。

6. 积极为民办好事办实事。一是走访时发现 10 组、8 组公路路面有长流水流过，时间久了就长青苔，造成村民骑车摔倒受伤，我第一时间配合村干部向乡分管领导反映，很快得到解决。二是村委会附近道路没有路灯，我主动向学校反映争取到 4.2 万元工作经费安装 20 盏太阳能路灯。三是积极协助村干部向乡分管领导反映 7 组、9 组、10 组因连下暴雨造成公路垮塌、滑坡安全隐患，乡领导及时知晓并安排解决。四是 2 组已 83 岁的村民白礼清家拉线开关及灯泡坏了不能使用，我自己购买材料更换；白礼清家鸡拉白色和红色鸡屎，我去双河乡兽医站购买药物治疗。五是协助村干部督促 7 组汪碧合家整治厕所。六是主动向乡领导反映村办公室蓄水池漏水及季节性缺水问题，协助乡领导争取到 6 万元专项资金新修蓄水池。七是根据 1 社 2 社 3 社 6 社村民反映移动手机长期没有信号的问题，我主动对接城口县移动公司立项为天星村解决移动手机无信号问题。八是主动向乡、县相关部门反映天星村应急广播不能正常使用后得到解决。九是帮助村干部更新维修村办公室投影仪和 LED 显示屏。十是走访时五社唐治学社长提到他们社存在冬季季节性缺水问题，我及时向乡联村领导汇报后得到解决。十一是购买 8 个鼠笼送给 2 社村民白礼清，已经捉住老鼠 10 多只，减少了鼠患破坏种植问题。十二是协助村干部解决 10 社张光兰家旁边水沟存在暴雨时水流进家里已有两年的问题。十三是协助村干部对村办公室前面阶梯及后阳沟下水道堵塞等做环境整治。十四是为五保户孟升稳洗冬天用衣物床被 18 件。十五是为部分养蜂村民购买赠送苍蝇拍方便驱赶黄蜂。十六是为村民购买赠送橡胶手套以便用水时不沾水，减缓村民得风湿病的风险。十七是代老年村民到双河乡场镇农村商业银行取款备用。十八是代老年村民在网上购买种子及鸡笼等。十九是亲自为村办公室水管用保温泡沫包扎好防冻裂。二十是继续争取在天星村 4 社后槽安装太阳能路灯和争取市发改委帮扶集团为天星村建设山坪塘落地努力。

7. 主动联系重庆市人社局科技服务团专家王金霞博士团队 2 次到天星村重庆华力农业有限责任公司调研，解决食用菌香菇生产后留下的废菌棒资源再利用问题。2022 年 7 月，王金霞博士团队还免费提供球盖菇菌种给华力农业试种，这是再次利用废菌棒生产新产品的一次创新尝试。

8. 主动对接学校新农学校平台，3 次邀请学校领导及相关专家到双河乡余坪村参与全国红色美丽乡村示范村墙绘调研设计，并于 7 月 13 日派"三下乡"学生志愿者 20 人到余坪村城万红军指挥所旧址刘家院子按照设计做墙绘；邀请学校相关专家到天星村做包包菜种植指导，免费提供 4 份土壤成分检测报告，并根据检测结果对种植包包菜需要的农家肥做了指导；学校免费提供 5 份包包菜成分检测报告，为天星村后续申报绿色食品标志提供了基础数据。

9. 已阅读种养殖书籍《健康蔬菜高效栽培》《高效养土鸡 88 问》《土壤保护 300 问》《兔病防控 140 问》《乡村振兴战略导读》《新时代社会治理创新二十三讲》等 15 本书。

10. 为村民推荐销售野生天麻、包包菜、城口腊肉价值近 4.5 万元。

**三、履行廉洁自律情况**

自觉学习"中国共产党廉洁自律准则""中国共产党纪律处分条例""中国共产党问责条例"，严格要求自己，遵守县乡村相关规定，有事及时与村党支部书记商量解决，需要乡领导协调解决的事情及时汇报乡联村领导解决，确实条件不成熟不能解决的事情及时回复村民以便得到村民的理解；办事做到公正公开透明，坚决不做损害群众利益的事情，坚决不做损害党的利益的事情，坚决做到不违反党风廉政纪律，让党放心。

### 四、驻村两年工作体会

时间过得真快，转眼就满两年了。在这两年时间里，我非常珍惜学校领导和重庆市委组织部给我参与国家乡村振兴战略的机会。我工作积极主动，既注意理论学习又注重实践验证，积极同村干部一起完成常规工作，主动在村办公室周围开垦荒地，种植玉米、土豆、萝卜、四季豆、包包菜、黄瓜、香菜，还种植中药材党参、沙参、当归等；还试着养殖土鸡 24 只，后孵小鸡养大 17 只，引进小兔子 6 只，后下崽小兔子养活 23 只。我积极鼓励和引导村民根据自己的实际情况多种植多养殖、多打扫住家周边环境卫生，鼓励村民靠勤劳的双手创造自己的美好生活。我通过入户走访了解村民急难愁盼事，及时与村支书沟通，帮助村民解决了一些实实在在的困难，村民说很感谢我，我内心也感到很欣慰。我很感谢天星村村民对我的理解，感谢村干部对我的支持，感谢双河乡联村领导及各级领导对我的指导！虽然我驻村满两年就回学校工作了，但我会继续关注天星村，村民给我打电话诉说村里的大事小事，如有需要我帮忙做的我也尽力给予帮助。

国家乡村振兴战略实施，功成不必在我，但功成必定有我！我很高兴自己有机会参与国家乡村振兴战略，拥有了一段难忘的驻村经历。

## 驻村情结永难忘，攻坚精神当发扬

### ——云阳镇光华村驻村感怀

邵秉胜

2013 年，我国精准扶贫全面铺开，2015 年 11 月，为实现全国范围内的全面小康社会，中共中央、国务院作出关于打赢脱贫攻坚战的决定，要求到 2020 年我国现行标准下农村贫困人口实现脱贫，贫困县全部摘帽，解决区域性整体贫困，这是中国共产党的郑重承诺和重要使命。作为一名党员干部，我有幸能够亲身参与脱贫攻坚，做点力所能及的贡献，既是自豪的，也是幸福的。虽然，回到学校已经两年多了，但驻村的点点滴滴是抹不去的记忆。

**突接通知到云阳，山高坡陡路弯长**

我是在 2019 年 3 月 1 日接到通知的，当时，只知道自己的驻村地点是云阳县的一个村社，但并不知道具体名称和位置。3 月 2 日，我脑子里的扶贫思路是：一是做好调研工作，了解当地的贫困人口数量和贫困状况。二是向地测学院借无人机，调查当地的土地水产情况。三是新农村新气象，从整治村容村貌开始。四是将当地的农产品收集起来，卖给学校的老师。3 月 11 日，学校党委书记易俊、组织部部长李国强送我们 3 位（同去的还有叶正泉、何荣军）第一书记到云阳。3 月 12 日上午到云阳县委组织部报到，下午 2：00 在 4 会议室开始学习培训。县委组织部部长李学义对驻村干部提出了一些要求，副部长吴将军宣读了组织任命决定，才知道我被分配到了云阳镇光华村，距离县城有 55 公里。然后驻村书记和所在乡镇领导进行了工作对接，接我的是云阳镇分管扶贫的副镇长王成举。下午 4：00，我带着 3 包行李，乘坐他的车开始向云阳镇进发，出单位后就一路上坡，我们沿着省道 103 蜿蜒前行，翻过了一座又一座山，跨过了一道又一道沟，盘山公路有很多回头弯，道路一边是高切坡，另一边是悬崖，水泥公路扬尘、坑凼，山上偶尔还有落石，来往车辆快速行驶，我坐在副驾驶，双手紧握安全带，心都提到了嗓子眼。沿途经过了水口镇、栖霞镇，终于在下午 5 点多到达云阳镇政府。和镇党委书记谭兴林简单交流后，他和镇长李森林、光华村代理村支书李云（镇城建办主任下派驻村干部）送我到光华村。又是崎岖蜿蜒的山路，道路坑凼使车辆十分颠簸，上坡、下坡，拐了一个弯又一个弯，就是没到目的地。可能是第一次去，感觉到距离很遥远，时间很漫长。路上，我想象中的村委会，绿树掩映、山清水秀，周围至少有五六家农户，还有商店等，跟电视剧里的农村一样美。突然，车子左转弯下了一个陡坡，哦，是到了村委会，结果令我大失所望，周围啥都没有。到二楼昏暗的布满灰尘的会议室开会，和村支"两委"成员见面。晚上，和农委的两个驻村干部等在村委会简单用过晚餐后，因村里没来得及准备床上用品，我和镇领导一起回云阳镇政府招待所。和镇里相关部门工作人员交流工作到深夜 12 点，他们带我到三楼会议室里的套间招待所，我一看，花床单、花被子、花枕头，条件真恼火，我只好和衣睡觉。凌晨 3 点多，听着外面的雨声，我辗转反侧，开始失眠到天亮，其间一直想着光华村的样子，想着怎么样才能在这儿坚持两年多。从一名高校老师到驻村支部书记，重要的是如何真正将自己融入群众中去。我反复回忆自己的成长经历和每次人生转折点的角色转换，现在，不正是又一次的转折点吗？必须先实现角色转换，把原来的"邵老师"彻底变成"邵书记"，才能在这里扎下根。

第二天早上 7 点多，心里总不是事，我就打电话给村支书李云，要他送我到光华村。这时，我才看清楚了云阳镇到光华村沿途的地形地貌、地上植被和庄稼种类等。来之前我知道云阳是山区，但没想到山这么大、坡这么陡、土这么薄、沟这么多，比想象中的条件艰苦多了。光华村村委会坐落在一个凹坑里，旁边就是郑万高铁的施工道路和 G42 沪蓉高速，施工用的水泥、河沙、石子、钢材、混凝土、渣土、炸药、铲车等大型车辆特别多，沿线雨天泥浆飞溅、晴天尘土飘扬，重型车辆碾压的公路坑凹裂缝多，来往车辆因道路坑凹产生的铁碰铁的噪声特别大，再加上汽车碾压高速路上减速带的声音，简直是震耳欲聋。给我安排的卧室在三楼，是在原来二楼的屋面上搭建的瓦房，室内是水泥砂浆地面，有 3 张床，两张桌子，我开始擦灰尘、拖地等，同时等待床上用品到位。上午 9 点多，村支"两委"和驻村工作队开会，我便进入角色，开始了驻村工作。

**问道前人学本领，了解现状勤走访**

得知自己将担任第一书记，心里忐忑不安，只有进村前下功夫了解、熟悉相关工作。我在手机上收听了《对话临沂第一书记》等扶贫故事。同时，通过网络了解第一书记的工作内容、工作方法、和群众打交道的技巧等。

在到达驻村后的一个月里，我坚持到每一户建档立卡贫困户和村民代表家中进行走访，让村干部和老百姓都说说"我们村里的事、家里的事、心里的事"，了解老百姓的心声和需求。通过一个月不停地走访、慰问、了解，不但清楚了老百姓的所思、所想、所盼，拉近了干群关系，树立了自己"农村干部"的形象，同时，也学会了一些"土话"，如"耐不活""老辈子""涮坛子""老老匠""在做么子"。还有，云阳人 h、f 不分，如吃饭不叫吃饭（fàn），叫吃饭（huàn）。

通过走访，我也了解到，光华村位于云阳镇与红狮镇的交界处，四面环山，村子共 15.2 平方公里，全村有 930 户 3109 人，劳动力仅 1500 人，其中外出务工人员就有 900 多人；一些农户想买农用电动车，但村里的路没有通到家里和地头，4、5、6 组还没有通组级公路（就是砂石修的土公路）；产业发展薄弱，贫困户的收入主要靠种五谷杂粮、养鸡鸭、养牛、养猪、养羊、养蜜蜂等，很不稳定；村里还存在季节性缺水问题等。

通过走访我了解了光华村的现状，写下了第一篇感想《走村串户》。

### 走村串户

田间地头去走访，宣传政策新思想。

了解贫困和现状，详细记录写文章。

老弱病残坐厅堂，下地干活打猪粮。

年龄都在六十上，爬坡上坎无人帮。

山高路陡盘旋长，梯田油菜柑橘绛。

偶有养猪和牛羊，鸡鸭惬游在水塘。

感叹村中无青壮，老人去世难抬丧。

城里打工留空房，几年也不回家乡。

土地闲置长撂荒，野草滋生疯狂长。

空巢老人难照养，帮扶队员拉家常。

吃穿不愁住新房，医疗教育有保障。

看见来访喜若狂，感谢政府共产党。

大好政策都夸奖，开心快乐寿命长。

吃饱穿暖重健康，幸福生活共分享。

为拉近距离，尽快融入群众中去，我和村支"两委"成员挨家挨户走访建档立卡贫困户、特困户和低保户，对村里现有贫困户进行再识别、再摸底，确保精准。每天吃、住、干三在村，跟着群众的生活节奏，大清早就到地里或坡上帮助农户干活，边劳动边向他们了解情况，休息时间便同村民围坐在一起进行面对面交流，谈想法、提意见、说要求，气氛一天比一天轻松，涉及的内容一天比一天广泛。刚开始群众有些事藏着掖着，对我有戒备心理，后来我们关系轻松融洽，敞开心扉，乐于交流，就把我当自己人看。我也亲切地喊他们叔叔、嬢嬢，就当是自己的长辈。

### 隔三差五拉家常，鼓励乡贤和巧匠

走访中，我认识了 11 组贫困户向志清。向志清早些年是乡村赤脚医生，现在家里开有小卖店，经常将党的政策和为人处世的原则编成顺口溜，写在板上，挂在墙上，逢人便宣讲党的政策好。

但由于文化水平有限，向志清写的内容时常有错别字、不押韵等。我知道他有写作的爱好，为了提升他对生活的热情，我不仅时常去看他写的作品，为他修改语句及错别字，还帮他将写好的诗词打印成册贴在墙上，供过路人学习欣赏，传递正能量。

现在，向志清常常对别人说："邵书记给我整理作品花了不少精力，又给我送纸送笔，又帮我打印装订成作品集，还发在网上，帮我弄得好好的。我是小学生，字写得不好，没写对的字，邵书记就帮我修改，我学到了知识，邵书记真是人民的好干部！"向志清说，他现在生活不用发愁了，吃得好、住得好，这都是党和国家的好政策给他带来的。"我自己也要努力，把日子越过越好，不辜负邵书记对我的关怀和期望。"我对他的总结是：

> 向老先生本领强，读书写字把歌唱。
>
> 行医问诊工作忙，售货做饭扫庭堂。
>
> 童叟无欺获赞扬，诚实守信待邻乡。
>
> 幼年贫穷没学上，不忘学习树理想。
>
> 自学成才作词章，劝人为善常宣讲。
>
> 仁义礼智学问长，环境安全保健康。
>
> 邪教害人赌博烫，顺口溜来挂上墙。
>
> 高铁员工常欣赏，耳濡目染遵约章。
>
> 回家给娃把课上，传播文明新思想。
>
> 老有所乐寿命长，家和万事才兴旺。
>
> 逢人便夸政策好，感谢政府感谢党。

在光华村，有5组、6组、7组的组级公路迟迟没有开工，成为发展产业的瓶颈。为了顺利开工，光华村成立了翔发劳务公司，并在驻村工作队和村支"两委"的帮助下做好发展规划，计划在7组发展蜂糖李100亩，并规划了通往产业园区的路，村民不再"望路兴叹"。引进5组在县城干事的乡贤胡江平，发展青脆李和生态养殖产业。他曾指着对面山上长满杂草的荒地感叹："我就是在这个山沟里长大的，对这里的土质和山形一清二楚，都是很好的土地良田，要是产业发展不起来就太可惜了。"

道路通才能产业兴。所以，我首先跟大家统一思想，明确最重要的一点：要致富，先修路。然后，明确项目经费及施工队伍。最后，协调占用部分村民的土地。我利用自己的专业特长，现场指导调整线性，使公路更顺畅、转弯及坡度更合理。调整构造，使造价更经济更节约，可延长修路里程。以6组组级公路为例，原计划修通2.5公里，实际修通3.5公里。

**找准产业谋发展，亲力亲为做榜样**

光华村原有主导产业柑橘480亩，现又发展清脆李产业200亩。驻村工作队深入田间地头，一是转变思想，栽管并重；二是学习技术，认真实践；三是传授指导，制订方案；四是联合大户，试验示范。预计今年平均每株柑橘产量可提高10%左右，已经辐射带动全村的柑橘管护，提高柑橘产量30%左右。

发展产业脆李树，门口务工无烦忧。发展7组村集体产业园100亩，原计划栽植青脆李，现准备种植白茶，土地已经于2020年5月整治完毕，可带动贫困户10余人务工；引进云阳县锅底湾水果种植合作社，2020年11月，在5组栽植青脆李200亩8000余株，可带动贫困户20余人务工。

以上两处产业完成建设后，周围的贫困户和农户可在园内务工，在家门口就能实现稳定增收。两个产业园可以有效利用土地资源，将贫困户和农户土地流转过来，也将盘活周围更多的土地，为脱贫攻坚、乡村振兴增添更多砝码。

在立足农业找准主导产业、夯实产业基础的同时，光华村也在积极拓展其他产业。几年来，光华村培育了兴牧农业开发有限责任公司、家财山羊养殖场、传学土蜂养殖场、任超生猪养殖场等多个市场主体，柑橘、青脆李等产业逐步兴起。

驻村扶贫，就是指导、协助、监督村支"两委"工作。凡事要放下架子、俯下身子、做出样子，亲力亲为、躬身示范给老百姓做点好事、做点实事。

在村里，我还利用自己的专业特长，为光华村的基建出谋划策。一是做了村委会西侧塌方路段的抢修方案、造价预算、施工指导。二是指导了2组罗发成家旁边的堡坎施工方案、造价预算、施工过程。三是做了2组、11组两个饮水池的施工方案、造价预算、施工指导。四是做了原有饮水池加盖、厨房屋面维修更换等的设计、绘图、施工监管、收方结算等。

刚上任时，村民对我并不热情，对我的工作也不够配合，甚至有的村民还对我敬而远之。但我没有气馁，坚持深入田间地头和贫困户家中，慢慢地，大家都开始对我刮目相看，也都自觉打开心扉，积极主动配合村子各项工作的开展。

**驻村情结永难忘，攻坚精神当发扬**

两年多的驻村扶贫，让我与光华村的村民结下了深厚的友谊。当时我任职期满即将离别时，村民都十分不舍，极力挽留，我也利用最后的一段时间，再在村里走了一遍，给所有的村民挨个道别。现在，我很想去我曾经工作和生活过的地方——光华村，走一走、看一看，看看那里的父老乡亲，看看那里的村容村貌，看看那里的产业发展。

第一书记的任职经历也让我明白，所有参与扶贫的战友，做的看似一件件小得不能再小的事，可是点点滴滴汇聚起来，却是关系着一个家、一个村发展生计的大事。在柴米油盐与鸡毛蒜皮中，服务了老百姓的生活，更得到了老百姓的信任和期盼。

伟大的脱贫攻坚精神是"上下同心、尽锐出战、精准务实、开拓创新、攻坚克难、不负人民"，这也是中国共产党性质宗旨、中国人民意志品质、中华民族精神的生动写照，是爱国主义、集体主义、社会主义思想的集中体现，是中国精神、中国价值、中国力量的充分彰显，赓续传承了伟大民族精神和时代精神。

我有幸亲身经历了脱贫攻坚工作，今后，我要不断地弘扬伟大的脱贫攻坚精神，讲好脱贫攻坚故事，立足岗位，做好本职工作，全身心地投入学校建设中，服务教学，服务师生，甘当"铺路石"，尽绵薄之力，使工程职院的明天更加美好！

附：

**云阳县云阳镇光华村驻村两年总结**

云阳光华，库区偏远。

山大坡陡，老弱病残。

土地贫瘠，产业难见。

高铁施工，渣车不断。

晴灰雨泥，噪音污染。

周末驻守，孤楼为伴。

与鸟对语，望月兴叹。

松竹为友，开门见山。

水池消毒，漂白明矾。

适者生存，克服困难。

降尘洒水，厨具更换。

想方设法，环境改善。


驻村两年，成绩斐然。

访贫问苦，脱贫攻坚。

政治学习，加强党建。

活动阵地，骤换新颜。

摘掉牌子，软弱涣散。

排除矛盾，整顿治安。

多方发力，正能宣传。

在外务工，知乡变迁。

聚众乡贤，回村发展。

引进产业，在锅底湾。

二百余亩，李树满山。

楼门石里，土地流转。


规划白茶，加紧实现。

集体经济，破零俱欢。

修路补桥，砌筑堡坎。

塌方滑坡，及时排险。

新建水池，增容抗旱。

指导产业，防虫枝剪。

科学种养，增收增产。

项目验收，合格备案。

抗击疫情，挨家宣传。

严防死守，设检查站。

抢播抢种，恢复生产。
推荐工作，务工赚钱。

学校给力，捐物捐款。
领导关怀，每季来看。
莅临指导，谋划发展。
住宿生活，查看问暖。
体育器材，助你锻炼。
安装路灯，出行方便。
空调喇叭，设施完善。
农技图书，学习为先。
厨房用具，补齐补全。
栽花种草，美化家园。
环境整治，流血流汗。
斩除荆棘，道路变宽。

爬坡上坎，汗湿衣衫。
助农助耕，躬身示范。
院坝会上，激情讲演。
党政国策，精神来传。
吃穿不愁，医教无患。
住房安全，接通水电。
全面脱贫，此仗圆满。
百姓满意，常留吃饭。
乡村振兴，我来续延。
文明家风，碑牌宣传。
两委换届，参与推荐。
协助指导，监督监管。

不负韶华，奉献两年。

依依不舍，草木留恋。

挨个道别，祝福不断。

保重身体，安享晚年。

执手相握，泪湿眼睑。

再三叮咛，时常挂念。

功成有我，群众评判。

撤换回归，一路平安。

感谢各位，指导指点。

人生历程，感恩遇见。

# 附录 重庆工程职业技术学院乡村振兴学院2022—2024年发展规划

乡村振兴战略是习近平总书记2017年10月18日在党的十九大报告中提出的国家战略。依据《重庆市实施乡村振兴战略行动计划》《重庆市实施乡村振兴战略规划（2018—2022年）》《重庆市教育事业发展"十四五"规划》《重庆市职业教育事业发展"十四五"规划》和学校"十四五"发展规划，制定本规划。

## 一、规划背景

### （一）发展基础

#### 1. 学校党委和行政高度重视

重庆工程职业技术学院高度重视乡村振兴工作，成立以学校党委书记、校长为组长，副校级领导和相关部门负责人为成员的乡村振兴工作小组。与江津区中华职教社共同成立乡村振兴学院。

#### 2. 专业建设与乡村振兴契合度高

学校是国家示范高职院校、"双高"建设单位和优质高职学校，现开办有57个专业，特别是在信息技术、大数据、安全、财经商贸和艺术设计等大类上的教育资源对推动乡村的产业振兴、人才振兴、文化振兴、生态振兴等方面能够发挥重要作用。能够在培养面向乡村的新型职业农民、农村专业人才、科技人才等方面作出贡献。

#### 3. 助力精准扶贫探索积累了宝贵经验

学校先后选派8人次到三峡移民库区云阳、巫溪和城口县担任驻村第一书记，服务三峡库区经济社会发展、精准扶贫和乡村振兴；同时通过与三峡库区及偏远山区的云阳、石柱、巫山、开州及城口职教中心签订帮扶协议，在师资培训、课程建设和师生技能比赛等方面提供帮助；同时学校与所在地江津区职教社合作，成立了乡村振兴学院，通过搭建助农电商平台、美化乡村环境、开展乡村人才培训等项目，以实际行动助力乡村振兴。

4. 政策和理论研究具有较好的基础

我校黄炎培职业教育研究院根植于服务乡村振兴的理论与实践研究中，确立研究方向，开展前瞻性、针对性、实用性研究，取得发表核心学术论文、出版专著、完成课题等一批研究成果，为促进乡村振兴的发展奠定了较强的理论基础，研究成果广泛应用在实践项目中。

## （二）机遇与挑战

1. 党和国家高度重视乡村振兴工作

《中共中央　国务院关于实施乡村振兴战略的意见》《国务院关于大力推进职业教育改革与发展的决定》《高等学校乡村振兴科技创新行动计划（2018—2022 年）》以及教育部等九部门《关于加快发展面向农村的职业教育的意见》等相关文件精神，强调职业教育在服务乡村振兴和经济社会发展的作用，为职业教育改革和创新带来了抓手，也为我校今后能在乡村振兴工作中大胆作为提供了制度保障。

2. 学校助力乡村振兴的路径和机制有待创新

对标乡村振兴战略提出的产业振兴、人才振兴、文化振兴、生态振兴、组织振兴五大振兴战略，目前我校资源优势、专业设置与重庆产业、乡村人才培养目标、地区传统特色文化挖掘传承、乡村乡风文明建设等方面的能力要求还不够适应，服务乡村振兴的专业技术能力还有待提高，践行乡村振兴战略的具体着力点还亟待挖掘。具体来讲，目前乡村振兴学院没有具体的专业支撑，职业教育人才培养服务支持乡村人才需求的基础不牢、针对性不强，依托相关专业难以形成系统性、针对性的乡村人才培养体系；另外，整个学校在与乡村五大振兴相关的专业设置上，人才培养质量的"技术"性还需提升，培养的人才在服务乡村的理念上还须进一步深化。

## 二、总体思路

## （一）指导思想

以习近平新时代中国特色社会主义思想为指导，全面贯彻党的十九大精神，按照"产业兴旺、生态宜居、乡风文明、治理有效、生活富裕"总要求，坚持创新、协调、绿色、开放、共享的新发展理念，围绕乡村振兴战略，结合科教兴国、人才强国、创新驱动发展等战略实施，加快构建高校支撑乡村振兴的科技创新体系，全面提升高校乡村振兴领域人才培养、科学研究、社会服务、文化传承创新和国际交流合作能力，为我国乡村振兴提供战略支撑。

**（二）基本原则**

1. 坚持党的全面领导

以全面加强党的领导统领推进学校服务乡村振兴专业开发及结构优化，加强师资队伍建设和持续开展乡村振兴人才培养创新及课程体系改革。

2. 服务乡村五大振兴

以服务地方经济社会发展为方向目标持续深化产教融合。立足重庆、聚焦成渝地区双城经济圈、辐射西部其他省份，搭建校企合作平台，在服务地方产业发展方面加快从被动适应转变为主动适应，从慢一步的适应转变为同步伐的联动并进，部分专业人才培养较之产业发展呈现出快一步的引领、催生、孵化效应。

3. 聚焦"三农"培育人才

落实立德树人根本任务，培养爱农村、懂农业、爱农民的新农人。传承学校"乌金精神"，培育"砺苦谨信、惟精弘毅"的乡村振兴建设者。坚持培养一批服务乡村产业发展的人才队伍，精准人才培养目标，提升人才培养规格，不断深化培养模式，探索独具特色的乡村振兴人才培养。与此同时，切实增强学校面向各类人群的职业培训能力、助力乡村振兴、赋能乡村人才。

**（三）发展目标**

1. 总体目标

按照"产业兴旺、生态宜居、乡风文明、治理有效、生活富裕"总要求，在中国职业技术教育学会的指导下，借助乡村振兴与城市可持续发展工作委员会的平台，助力职业教育发挥主体作用培养乡村人才，力争成为国家级乡村振兴人才培养优质校，并带领区域职业院校转型升级，使其成为乡村振兴、城乡融合桥头堡；借助学校的优势资源，打造职业院校服务三峡库区的样板试点工程，并在大范围内进行复制推广。

2. 具体目标

（1）重点帮扶三峡库区。持续在库区开展教育帮扶，与库区区县职教中心签署帮扶协议，在师资培训、课程建设和师生技能比赛等方面给予帮助，稳步提高库区区县职教中心培训质量，形成我校与库区区县职教中心的无缝覆盖；积极参与库区经济建设，利用我校资源优势，与库区的农林产业主、电商企业、文化旅游企业开展校地合作，打造属地文化和特色产业。

（2）探索职教帮扶模式。以县或区为单位进行顶层设计，建立"高职院校乡镇成人学校"样板间。学校利用专业和人才优势，组建满足"成人学校"需求的师资库。

（3）强化乡村人才培训。加大协作和对口地区的人才培训力度，在帮扶地区建设师资研修平台，开展村级组织建设、农技技能、农业科技咨询、农村电商平台搭建与运营、休闲农业服务等方面的培训课程。

（4）助力乡村五大振兴。深耕青果项目，将偏远山区的农特产品与消费者的需求衔接起来，通过"青果购"小程序电商平台实现小农户与大市场的连接，打通职教助农"最后一公里"。组建更多的师生志愿者，利用专业优势，给农村农户绘制能够体现社会主义核心价值观、中华传统文化、农耕文化的主题墙绘，提升乡村文化建设，助力乡风文明。

（5）开展乡村振兴研究。利用中华职教社黄炎培职业教育研究院平台，因地制宜、结合实际，联合相关学校、研究院所的资源，积极开展理论研究并积极实践，为乡村振兴在理论研究方面落地落实打好基础。

## 三、重点任务

### （一）服务三峡库区乡村振兴

一是依据"一镇一村一方案"的原则，制订具体的振兴帮扶方案；二是根据振兴帮扶方案，组建振兴帮扶技术技能人才队伍；三是寻找合作资源，开展校地共建库区振兴项目；四是总结成功经验，进行样板复制。

### （二）探索新农学校建设模式

一是开展高职院校引领的乡镇成人学校（新农学校）建设模式研究；二是开展高职院校引领的乡镇成人学校（新农学校）建设实验；三是组建高职院校引领的乡镇成人学校（新农学校）智库、师资团队；四是推广高职院校引领的乡镇成人学校（新农学校）建设经验。

### （三）开展乡村振兴人才培养

一是对标乡村产业，梳理乡村人才现状，查找人才缺口；二是组建乡村培训师资团队；三是建设线上线下精品培训课程；四是共建"田间学院"，定期送教下乡、送技下乡。

### （四）拓宽服务乡村振兴平台

一是深耕"青果项目"，拓宽项目对接的乡镇范围及产品品类；二是加大对"青果购"小程序平台的宣传力度，覆盖更多的用户群体；三是围绕"美丽乡村"建设，打造"一村一景观，一村一品牌"乡土文化名片。

### 四、实施保障

### （一）加强党的领导

充分发挥党组织在学校服务乡村振兴工作中的领导核心和政治核心作用。加强基层党组织建设，将党的建设与学校服务乡村振兴发展同部署、同落实、同考评，带动学校工会、共青团等群团组织和学生会组织共同参与到乡村振兴工作中去，为学校服务乡村振兴提供坚强组织保证。对国家乡村振兴战略和乡村振兴优质案例进行定期分享讨论，增强师生对乡村振兴工作的认同感，强化大家参与服务乡村振兴的责任感。

### （二）加强组织保障

建立党委领导下的乡村振兴工作发展规划实施领导小组和若干项目工作小组，负责领导乡村振兴学院总体规划的实施。相关部门要明确规划实施的专门负责人，组成强有力的工作班子，将规划任务逐年逐项分解，予以贯彻落实，切实做到"决策部署以规划为依据，工作目标以规划为指南，考核工作以规划实施效果为主要标准"，确保完成规划中各项任务。

### （三）加强经费保障

多渠道筹备发展经费。根据"保障重点、兼顾公平"的原则，统筹学校财力物力，安排一定资金支持乡村振兴工作。集中资源、突出重点，分类型、分阶段、分项目科学配置资源，合理分配经费。

### （四）加强宣传发动

人人参与、人人共建、人人共享。通过多种形式广泛宣传，各责任部门在内部对规划进行全面传达、组织学习讨论，使规划提出的目标和任务深入人心，压力传导到边到底，增强所有相关人员对指导思想、目标任务的认同感，使规划执行过程凝聚人心、群策群力、共谋发展。

**（五）加强实时监控**

加强对规划执行情况的跟踪与控制，探索建立科学的绩效评价考核体系，围绕提出的主要目标、重点任务，实施年度检查、中期评估和期末考核，及时掌握规划实施情况，全面分析检查各项政策措施落实情况及实施效果，做好规划及相关信息的公开工作，接受师生及社会监督。